AF537738

Alles entstehend, alles vergehend

Ajahn Chah

Alles entstehend, alles vergehend

REFLEXIONEN ÜBER
VERGÄNGLICHKEIT
UND DAS ENDE
VOM LEIDEN

VERLAG BEYERLEIN & STEINSCHULTE 2018

WIDMUNG

Gewidmet dem ordinierten Saṅgha in der Nachfolge von Ajahn Chah, und all den Männern und Frauen, die seine Lehren täglich leben.

Impressum

Originaltitel: *Everything arises, everything falls away. Teachings on impermanence and the end of suffering /Ajahn Chah; englische Übersetzung aus dem thailändischen von Paul Breiter*

Deutsche Übersetzung: Bhikkhu Khemasiri
Lektorat: Dr. Ute Weber
Korrektur: Dr. Ute Weber und Sabrina Müller
Umschlaggestaltung: Martin Jonasson
Umschlagfoto: Bhikkhu Khemasiri
Layout/Satz: Andreas Hubig

Herrnschrot
95236 Stammbach
Tel.: 09256/460
Fax: 8301
E-Mail: verlag.beyerlein@buddhareden.de
Internet: http://www.buddhareden.de/

ISBN: 978-3-945224-02-1

Inhalt

Seite

Vorwort von Paul Breiter, dem Übersetzer der englischen Originalversion

Im Jahr 1954 errichtete Ajahn Chah (1918–1992) mit Unterstützung einer Handvoll Schüler ein Kloster in einem abgelegenen Waldstück im Nordosten Thailands. Ähnlich wie es der Buddha vor 2.500 Jahren tat, folgten sie dem einfachen Lebensstil asketischer Waldmönche. Ajahn Chahs mitfühlende Präsenz und seine direkte und klare Art zu lehren zog im Laufe der Zeit Hunderttausende von ordinierten und weltlichen Anhängern an, und in Thailand und der westlichen Welt schossen Klöster wie Pilze aus dem Boden. Indem Ajahn Chah die Unmittelbarkeit des Dharma aufzeigte, entmystifizierte er die Konzepte des Buddhismus, sodass nahezu jeder Zuhörer begreifen konnte, worum es eigentlich ging. Er brachte den Dorfbewohnern bei, sich um ihr Familienleben und ihre Finanzen zu kümmern und sprach dann mit derselben Selbstverständlichkeit mit ihnen über die Praxis, die zur Verwirklichung von *Nibbāna* führt. Er konnte eine Gruppe von Besuchern, die er zum ersten Mal traf, in den Grundlagen der Ethik unterweisen und dabei nicht moralisierend, sondern auf eine erhebende Art und Weise inspirierend sein. Gleichzeitig erinnerte er sie sanft an ihre eigene Sterblichkeit und steckte sie mit seiner Fröhlichkeit an. Oder aber er schimpfte ganz fürchterlich mit den einheimischen Mönchen und Laienunterstützern. Manchmal begann er einen Vortrag über die Grundgedanken des Buddhismus, nur um dann scheinbar mühelos und im selben Tonfall zu Darlegungen über die Leerheit überzugehen.

Ajahn Chah war kein Pedant, was die Verwendung einer einheitlichen Terminologie anging. Er benutzte keine Notizen und plante den Inhalt eines Vortrags nie vorab. Doch seine Belehrungen waren immer konkret und zugänglich. Den Neulingen pflegte er zu sagen: „Macht euch keinen Kopf wegen der fünf Aggregate – über Form, Gefühl, Wahrnehmung, Denken und Bewusstsein. Zu viele Einzelheiten! Sagt einfach nur Körper und Geist. Das reicht." Obwohl er nicht oft aus den Pāli-Schriften zitierte, konnte er schwer verständliche Begriffe erklären, wenn es notwendig erschien. Die *Lehrrede über die Grundlagen der Achtsamkeit* zum Beispiel handelt davon, „den Körper im Körper zu betrachten", und dasselbe gilt auch für die anderen Aggregate. Ajahn Chah sagte dazu einfach nur: „Wenn wir den Körper als vergänglich, unbefriedigend und nicht zu uns gehörig erkennen, dann bezeichnet man das als ‚den Körper im Körper betrachten'."

Manchmal betonte er die drei Merkmale der Einsichtsmeditation – Vergänglichkeit, Unzulänglichkeit und Nichtvorhandensein eines Selbst – manchmal die Vier Edlen Wahrheiten. Aber dies waren Werkzeuge, die auf etwas darüber Hinausgehendes hindeuteten. Als der Buddha zu lehren begann, sagte er: „Offen sind die Tore zum Todlosen. Wer offene Ohren hat, lasse seinem Vertrauen freien Lauf." Ajahn Chah erklärte den etwas mysteriösen Begriff des „Nicht-Sterbens" auf praktische Art im Lichte von *anattā*, nicht-Selbst: Wenn es kein „Ich" und kein „mir" und „meins" gibt, dann gibt es niemanden, der stirbt. Die Daseinsgruppen erscheinen und vergehen wieder. Aber wenn wir uns nicht auf sie einlassen und nicht glauben, dass sie zu uns gehören oder dass wir sie sind, dann sterben wir nicht mit ihnen und erleben ihretwegen auch kein Leid. Oder er erklärte die Befreiung in dem Sinne, dass wir mit unseren äußeren und inneren Erlebnissen nicht länger geboren werden und sterben.

Doch mehr als alles andere verankerte Ajahn Chah seine Belehrungen in *anicca*, Vergänglichkeit, als dem anfänglichen Fokus der Achtsamkeitspraxis. Sie ist der Schlüssel, der die Tür zum Dharma öffnet und den Geist in die Richtung lenkt, die anderen Facetten der Erfahrung klar zu sehen.

Dem Geist der Veränderung und Ungewissheit entsprechend, war bei Ajahn Chah immer mit Überraschungen zu rechnen, in der Art, wie er lehrte und seine Schüler und Schülerinnen ausbildete. Ajahn Chah änderte des Öfteren die Tagesroutine in seinem Kloster. Es war nicht leicht, ihn auf etwas festzunageln oder ihn einzuordnen. Er betonte häufig, dass der klösterliche Lebensstil die beste Art zu praktizieren sei und wies auf dessen zahlreiche Vorteile hin. Doch auch Laien gab er tiefgründige Unterweisungen und zollte jedem echten Respekt, der ernsthaftes Interesse zeigte und sich der Praxis hingab. Bei vielen Gelegenheiten betonte er, es sei nebensächlich, ob man ordiniert sei oder nicht. Sein Umgang mit der klösterlichen Ordensdisziplin konnte bisweilen verwirrend sein. Aber wenn man seine Instruktionen in die Praxis umsetzte, konnte man zu direkter Erfahrung und an einen Ort der Gewissheit gelangen.

Manchmal sprach er über die Notwendigkeit von *Samādhi*, der meditativen Sammlung und erklärte dessen Verlauf mit den verschiedenen Vertiefungszuständen (*jhāna*). Zu anderen Zeiten spielte er den Faktor der Geistesruhe herunter und warnte vor ihren Gefahren als einer Form der Ablenkung. In seinen Anleitungen zur Meditation war Achtsamkeit immer von zentraler Bedeutung. Unabhängig davon, ob der Geist gerade ruhig oder aufgewühlt, fokussiert oder zerstreut ist – ein Meditierender kann sich seiner Zustände gewahr werden und das Wesen ihres Erscheinens und Verschwindens erkennen. Dadurch gelangt er zu einem Verständnis von etwas, das jenseits mentaler Aktivität liegt.

Anicca, Dukkha und Anattā

Als der Buddha seine zweite Lehrrede hielt, den *Vortrag über die Merkmale des Nicht-Selbst*, brachte er seine fünf Schüler zur vollständigen Erleuchtung, indem er das Fortschreiten der Einsicht aufgrund der drei Daseinsmerkmale *anicca*, *dukkha* und *anattā* erklärte. Diese Belehrung gründete auf der Hervorhebung des Offensichtlichen: dass nämlich alles in Körper und Geist vergänglich sei. Was vergänglich ist, ist von seiner Natur her nicht befriedigend, und das Unbeständige oder Unbefriedigende verdient es nicht, als unser Selbst oder unser Eigentum angesehen zu werden. Der Buddha führte seine Schüler durch Fragen und Antworten zu diesem Verständnis und erklärte darüber hinaus, dass das Sehen der Dinge in diesem Licht zu Loslösung und Leidenschaftslosigkeit führe und den Geist befreie.

Dieser Ansatz der Wissensvermittlung, beginnend mit der Unzuverlässigkeit all dessen, was wir erleben, war einer der Schwerpunkte von Ajahn Chahs Lehre und Ausbildung. Wie ein Meister in buddhistischer Debattierkunst pflegte er beharrlich die Komplexitäten und Anhaftungen der Schüler, ob in Beziehung zur äußeren Welt, zu ihrem eigenen Körper oder zu meditativen Geisteszuständen zu durchschneiden, indem er sie immer wieder ermahnte: „Es ist nicht beständig. Es ist nicht sicher." Obwohl auch ein Kind solche Worte in den Mund nehmen kann, werden diese, wenn sie aus tiefster Überzeugung gesprochen werden, zu lebendigen Kennzeichen der Wahrheit und des Weges zur Freiheit.

Vergänglichkeit (*anicca*) wird normalerweise als erstes der drei Merkmale genannt, weil es das Offensichtlichste ist. Genau hierauf kam Ajahn Chah als Grundlage für eine korrekte Sichtweise und als Eingang zum Pfad immer wieder zurück. Er sprach davon auch als Ungewissheit und verwies auf diese existenzielle Eigenschaft, wenn er andere Menschen daran erinnern wollte, die Dinge nicht allzu ernst zu nehmen: Höhen und Tiefen, Gewinn und Verlust sind unvermeidbar und unsere Wahrnehmung dessen, was gut und was schlecht ist, kann sich verändern. Ein solches Verständnis kann Gleichmut gegenüber den Widrigkeiten des täglichen Lebens wie auch in der Meditation entstehen lassen. Wenn alles instabil und unzuverlässig ist, wie kann man es dann als real ansehen? Wenn wir uns schutzlos den veränderlichen Phänomenen überlassen und unser Glück von ihnen abhängig machen, dann ist eine Katastrophe vorprogrammiert.

Der Begriff *dukkha* wird gemeinhin mit „Leiden" übersetzt. Unglückliche Erfahrungen wie der Verlust oder die Trennung von einer geliebten Person, der Kontakt mit Unangenehmem, Sorgen, Krankheit und Tod sind offensichtliche Formen von Dukkha. Er wird aber auch als die allgegenwärtige und inhärente Unzulänglichkeit von allem, was wir erleben können, bezeichnet; genauer gesagt, bezieht er sich auf die Erfahrung, die auf dem verblendeten Glauben basiert, die Dinge seien real und beständig und gehörten zu einem eigenständigen Selbst, erzeugten es oder stünden irgendwie dazu in Beziehung. Laut der buddhistischen Lehre liegt das eigentliche Problem nicht in natürlichen und unvermeidlichen Vorgängen – wie dem Verlust, der auf den Gewinn folgt oder dem Abschied, der auf die Begegnung folgt – sondern in der Geistestätigkeit, die sich darauf gründet. Dies schafft noch mehr Leiden, und das ist vermeidbar. Durch Reflexion und direkte Erkenntnis in der Meditation kann man sehen, wie das Festhalten an jedwedem Erfahrungsobjekt Spannung, Frustration und Verzweiflung verursacht, da nichts für immer andauert.

Ajahn Chah lehrte auch im Rahmen der Vier Edlen Wahrheiten über das Thema Dukkha: Das Leiden, dessen Ursprung, sein Ende und der Pfad, der zur Beendigung des Leidens führt. Er sagte: „Wenn man ein Haus betreten will, geht man durch die Tür hinein. Wenn man in den Dharma eintreten will, dann geht man hinein, indem man Tatsache von Dukkha anerkennt." Mit der häufigen Erwähnung von Dukkha mag seine Lehre bisweilen etwas bedrückend erscheinen, aber er hat immer vier Wahrheiten und nicht nur eine gelehrt. Er erinnert uns daran, dass es ein Ziel gibt, dass das Leiden endgültig beendet werden kann, und dass ein Leben in Freiheit und Zufriedenheit für diejenigen möglich ist, die sich darum bemühen. Das Anerkennen der unbefriedigenden Natur der Existenz – einschließlich allen Leidens, das sich im Laufe unseres Lebens angesammelt hat – ist unsere Motivation, einen Weg zur Befreiung zu suchen. Diese Erkenntnis lässt uns unsere bisherige Lebensweise und Weltsicht überdrüssig werden. Sie lässt uns gegenüber den Verlockungen des weltlichen Lebens leidenschaftslos und unempfindlich werden.

Ajahn Chah sprach häufig mit einfachen Worten über *anattā* (Nicht-Selbst), indem er mit den nackten Tatsachen unseres physischen Körpers begann. Der Körper folgt nicht unseren Befehlen und lässt uns am Ende völlig im Stich. Manchmal betonte er, dass der Körper dem Altern, der Krankheit und dem Tod unterworfen sei, während er bei anderen Gelegenheiten von ihm als eine Ansammlung der Elemente Erde, Wasser, Feuer und Luft sprach, in der keine Person zu finden sei. Wie es in den Schriften heißt: Das, was vergänglich, unzuverlässig und folglich von unbefriedigender Natur ist, ist es gewiss nicht wert, dass man es als ein Selbst oder als seinen Besitz bezeichnet.

Wenn er Meditation lehrte, sprach Ajahn Chah wiederholt über das Betrachten des Entstehens und Vergehens geistiger Aktivität, fügte aber hinzu, dass dies nicht alles sei, worum es dabei ginge. In dem Buch *Being Dharma* sagte er dazu:

> Zunächst müssen wir Vergänglichkeit, Unzulänglichkeit und den Mangel eines Selbst als das Wesen des Geistes erkennen. Aber in Wirklichkeit ist da nichts vorhanden. Er ist leer. Wir sehen etwas entstehen und vergehen, aber tatsächlich entsteht und vergeht da nichts. Wir sehen das Entstehen und Vergehen, indem wir uns auf unsere Wahrnehmung und Begriffsbildung verlassen ... Es ist jedoch nicht nur ein Entstehen und Vergehen, sondern als Folge davon wirst du deinen wahren Geist erkennen. Du wirst immer noch Entstehen und Vergehen erfahren, wirst jedoch nicht zu Glücksgefühlen hingezogen werden und das Leiden kann dich nicht mehr verfolgen.

Obwohl Ajahn Chah uns die „Hiobsbotschaft“ über die Unzulänglichkeiten des gewöhnlichen weltlichen Daseins überbringt und die Entsagung als Schlüssel propagiert, ist sein einziges Ziel die Befreiung. Mit seinen eigenen Worten: „Spenden offerieren, Belehrungen anhören, Meditation ausüben – was immer wir tun, sollte der Entwicklung von Weisheit dienen. Die Entwicklung von Weisheit verfolgt das Ziel der Befreiung, der Freiheit von allen Zuständen und Phänomenen.“

Ajahn Chah und seine Methoden

Ajahn Chah lehrte nie anhand von Notizen oder Texten und er plante seine Darlegungen auch nicht. Er sprach immer frei, obwohl das manchmal dazu führte, dass er sich in Situationen wiederfand, in denen er gewissen Leuten nichts zu sagen hatte. Er meinte, dass dies wahrscheinlich bedeute, dass zwischen ihnen keine karmische Verbindung bestand, oder dass solche Menschen nicht die karmischen Voraussetzungen besäßen, um spirituelle Lehren anzunehmen. Wenn er darüber sprach, wie die Lehren zu ihm gekommen seien, zitierte er den Buddha. Einst hielt der Buddha seinen Schülern einen Vortrag und fragte sie danach, ob sie solche Worte schon einmal vernommen hätten. Als sie verneinten, sagte der Buddha, dass auch er diese Worte gerade zum ersten Mal gehört habe.

Ajahn Chah empfahl besonders seinen westlichen Schülern, nicht zu viel zu lesen oder zu studieren: „Ihr habt euer ganzes Leben lang studiert und wohin hat es euch geführt?“ Und er sagte häufig: „Wenn Du einen Bachelor-Titel hast, dann leidest du auf dem Niveau eines Bachelors. Wenn du einen Master-Titel hast, dann wirst du ein Meister im Leiden. Wenn du einen Doktortitel hast, leidest du auf dem Niveau eines Doktors.“ Auch wenn seine grundlegendsten Anweisungen oft von Fröhlichkeit durchdrungen waren, gab es Momente, wo er den Menschen Dinge sagte, die sie nicht gerne hören wollten.

Als er 1979 Gast der International Meditation Society (IMS) in Massachusetts war, hielt er eines Abends einen Dharma-Vortrag, bei dem es fast ausschließlich um *sīla*, ethisches Verhalten, ging. Am Ende entschuldigte er sich dafür, dass er so schlimm mit den Meditierenden geschimpft habe und sagte: „Eigentlich wollte ich diese Dinge nicht sagen, aber der Buddha hat es mir aufgetragen!“ Die Anspannung unter den Anwesenden löste sich und die Meditationshalle füllte sich mit Gelächter.

Gäste und Besucher traten mit allem Möglichen an Ajahn Chah heran – vom Absonderlichsten bis zum Erhabenen. Manche wollten subtile Aspekte der buddhistischen Schriften diskutieren, andere wollten streiten, wieder andere legten ihm ihre großen und kleinen Ängste und Sorgen zu Füßen. Normalerweise war er in der Lage, Streit zu vermeiden und direkt zum Wesentlichen zu kommen, und zwar nicht auf konfrontative Art, sondern indem er dem Fragenden die Angelegenheit zwecks tieferer Reflexion zurückgab.

Ein Thai, der mehrere Jahre in Wat Pah Pong Mönch gewesen war, dann die Robe abgelegt hatte und zum Alkoholiker und Raufbold geworden war, kam trotzdem noch vorbei, um seinen ehemaligen Abt zu besuchen. Eines Tages verkündete er, dass er in die Armee eintreten und Kommunisten töten wolle. Und da diese eine Bedrohung für die thailändische Gesellschaft darstellten, könne dies ja nicht wirklich verkehrt sein. Anstatt ihm eine Standpauke zu halten, sagte Ajahn Chah nur: „Nun, wenn es für dich OK ist, Kommunisten zu töten, dann denke ich, ist es auch OK für jemand anderen, dich zu töten."

Weil Ajahn Chahs Laienunterstützer überzeugt davon waren, dass er die Fähigkeit habe, die Gewinnzahlen im Lotto vorherzusagen, versuchten sie ständig – direkt oder indirekt – die Jackpot-Zahlen von ihm zu erfahren. Anstatt sie über ihre Torheit zu belehren, sagte er einfach: „Wenn ich die Lottozahlen wüsste, würde ich sie meinen Verwandten mitteilen, sodass sie alle reich werden könnten. Warum also sollte ich sie euch verraten?"

Um zu illustrieren, wie man Fragen so beantwortet, dass sie für die Fragenden äußerst hilfreich seien, nannte Ajahn Chah folgendes Beispiel:

Auf einer seiner asketischen Wanderungen weilte er einmal alleine in einem verlassenen Kloster. Eines Tages kamen ein paar Dorfbewohner vorbei und fragten, ob sie die Früchte pflücken dürften, die dort wuchsen. Ajahn Chah erwiderte: „Leute, ich bin hier nicht der Abt. Ich bin hierhergekommen, um eine Weile allein zu praktizieren. Ich kann euch nicht verbieten, die Früchte zu pflücken und ich kann euch auch nicht erlauben, sie zu pflücken."

Als die Dorfbewohner seine Worte hörten, waren sie verblüfft. Nachdem sie eine Weile miteinander gesprochen hatten, sagten sie schließlich: „Wenn dem so ist, dann nehmen wir die Früchte nicht," und gingen ihres Weges.

Die Waldkloster-Tradition und ihre Lehrer

Ajahn Chah sprach freimütig über seine eigenen anfänglichen Schwierigkeiten als Meditationsmönch, der versuchte, sich an die asketischen Lebensbedingungen anzupassen. Während er die Gemeinschaft in den Ordensregeln unterrichtete, zeigte er Mitgefühl mit denjenigen, die sich mit der schlichten, aber anstrengenden Routine abmühten. Die Mönche und Novizen stehen morgens um 3 Uhr auf, um zu meditieren und nehmen nur eine Mahlzeit pro Tag zu sich. Bei Tagesanbruch brechen sie zu einer ein- bis zweistündigen Almosenrunde auf, kommen dann zurück ins Kloster, um in Stille zu sitzen und zu warten, bis das Essen verteilt wird und die Mahlzeit beginnen kann. Der Seniormönch beginnt zu essen, und dann schließt sich ihm einer nach dem anderen an, während sich die hungrigen Unglücksraben am Ende der Reihe krümmen und winden – oft mit knurrenden Mägen und reichlichem Speichelfluss. Ajahn Chah sagte häufig zu seinen Schülern, dass auch er sich mit der monastischen Disziplin abgeplagt habe.

> „Ich dachte mir: ‚He, warum fangen die Mönche am Anfang der Reihe nicht endlich an zu essen? Wie lange brauchen die Kerle denn noch?' Ich verfluchte die Seniormönche: ‚Lasst mich nur einmal an der Spitze der Reihe sitzen! Ich würde sofort zu essen anfangen, damit die anderen nicht so lange warten müssten!'
>
> Ich habe das auch durchgemacht. Ich saß da und wartete, dass ich mit dem Essen beginnen konnte und schaute auf den *Ajahn* (Lehrer). Ich schaute und schaute, aber er fing einfach nicht an. Er erteilte uns eine Lektion. Er scherzte mit den Laien herum, während ich dachte: ‚He! Wir werden hier verhungern!' Manchmal dachte ich sogar: ‚Wenn ich je die Robe ablegen sollte, dann wäre es deswegen! Ich kann hier nicht bleiben und das noch länger mitmachen. Ich muss essen, wenn ich hungrig bin. Es wäre besser, wenn ich wieder zu Hause leben würde ... ja, es wäre überall besser als hier!'"

Gelegentlich sprach er über die frühen Jahre in Wat Pah Pong, in den 50er Jahren, zu einer Zeit, als das ländliche Thailand und insbesondere der Nordosten noch arm und unterentwickelt waren und die Bedingungen im Kloster extrem hart: Das Essen war karg und um in die Dörfer zu gelangen und Almosen zu bekommen, mussten die Mönche durch tiefe Gewässer waten; die Malaria grassierte, ohne dass es irgendwelche Behandlungsmöglichkeiten gab und es herrschte Mangel an den grundlegendsten Bedarfsartikeln. Während dieser Zeit beschloss ein Ehepaar, dessen Neffe im Kloster mit Ajahn Chah lebte, zu ordinieren und sich ihm in Wat Pah Pong anzuschließen. Aber da sie das Leben dort zu hart fanden, legten sie schon bald die Robe wieder ab und kehrten in die Stadt zurück. Ajahn Chah erzählte uns ihre Geschichte:

„Die Lebensbedingungen und das Leben der Mönche aus nächster Nähe zu erfahren, zog sie wirklich runter. Jedes Mal, wenn sie nach dem Ablegen der Robe über unsere Lebensweise sprachen, fing die Frau an zu weinen. Leute, die noch nie so gelebt haben, konnten sich keine Vorstellung davon machen. Einmal am Tag zu essen, war das ein Fortschritt oder ein Rückschritt? Ich weiß nicht, wie ich es nennen soll.

Niemand besuchte uns. Sogar die Hunde hielten es nicht bei uns aus. Die Kutis (Mönchshütten) lagen weit auseinander und auch weit weg vom Versammlungsort. Nachdem am Ende des Tages alle Arbeit getan war, trennten wir uns und gingen in den Wald, um dort in unseren Hütten zu praktizieren. Das flößte den Hunden Angst ein, die fürchteten, keinen sicheren Aufenthaltsort mehr zu haben. Also folgten sie den Mönchen in den Wald. Aber als diese in ihre auf Stelzen gebauten Hütten stiegen, fühlten sich die Hunde allein gelassen, bekamen Angst und folgten anderen Mönchen, die ebenfalls in ihren Kutis verschwanden.

Ich überlegte mir manchmal: ‚Sogar die Hunde halten es hier nicht aus, aber dennoch leben wir hier!' Das ist ziemlich extrem. Es stimmte mich auch ein wenig melancholisch.

Aber dieses asketische Leben hatte einen bestimmten Sinn. Wenn wir in der Praxis noch nicht geübt sind und der Körper es zu bequem hat, dann gerät der Geist außer Kontrolle. Wenn ein Feuer ausbricht und der Wind bläst, dann breitet sich das Feuer noch weiter aus und das Haus brennt ab."

Die Tradition, zu der Ajahn Chah und vor ihm Ajahn Man gehörten, bezeichnet man als Waldkloster-Tradition. Vor nicht allzu langer Zeit war Thailand noch zu 70% dicht bewaldet; gegenwärtig liegt der Waldbestand wohl eher bei 10%. Ajahn Chah erlebte mit, wie die Wälder während seiner Lebenszeit verschwanden. Eine der vielen Segnungen und Verdienste, die er in der Waldkloster-Tradition sah, war die Erhaltung einzelner Waldstücke. Er pries oft das einfache Leben im Wald, weil es der Meditation zuträglich sei und geriet dabei sogar manchmal ins Schwärmen:

„Der Buddha wurde im Wald geboren. Der im Wald Geborene studierte den Dharma im Wald. Er lehrte im Wald, indem er mit der Lehrrede vom *In-Gang-Setzen des Rades der Lehre* begann. Schließlich verwirklichte er *Nibbāna* im Wald.

Für diejenigen, die sich für diese Tradition interessieren, ist es gut, den Wald zu verstehen. Wenn man im Wald lebt, bedeutet das nicht, dass unser Geist verwildert, wie es bei den Tieren im Wald geschieht. Unser Geist kann erhöht und spirituell veredelt werden. Wenn wir in der Stadt leben, dann leben wir mit Ablenkungen und Störungen. Im Wald herrscht Ruhe und Stille. Wir können dort Dinge klar und deutlich kontemplieren und Weisheit entwickeln. Deshalb betrachten wir diese Ruhe und Stille als Freund und Helfer. Eine solche Umgebung ist förderlich für die Dhamma-Praxis, also nehmen wir sie als unseren Wohnort; wir nehmen die Berge und Höhlen als unsere Zuflucht.

Durch das Beobachten von Naturereignissen entsteht an solchen Orten Weisheit. Wir lernen von den Bäumen und verstehen sie und alles andere, was einen Zustand der Freude herbeiführt. Die Geräusche, die wir in der Natur um uns herum wahrnehmen, stören uns nicht. Wir hören den munteren Gesang der Vögel, und er ist tatsächlich eine große Freude. Wir reagieren nicht mit irgendeiner Form von Aversion und denken keine schädlichen Gedanken. Wir lassen uns weder zu harten Worten verleiten noch handeln wir aggressiv gegenüber jemandem oder etwas. Es erfreut den Geist, die Geräusche des Waldes zu hören. Selbst während wir die Geräusche hören, ist der Geist vollkommen ruhig."

Wenn Ajahn Chah über seine Lehrer und andere Meister seiner Tradition sprach, wurden gemeinsame Qualitäten von Direktheit und Einfachheit offenbar. Da sie auf buddhistische Terminologie verzichteten und stattdessen auf die Objekte und das Vokabular des Alltagslebens zurückgriffen, brachten sie die Zuhörer dazu, das Gesagte zu überprüfen. Ajahn Man (1870-1950) war zweifelsohne der angesehenste Meister seiner Zeit, und die Wiederbelebung der Meditationstradition der Waldkloster-Mönche wird zum großen Teil als sein Verdienst angesehen. Obwohl Ajahn Chah nur ein paar Tage in der Gesellschaft Ajahn Mans verbrachte, betrachtete er sich später immer als einen seiner Schüler, wenn er sagte: „Wenn eine Person mit guten Augen nahe bei einem Objekt steht, dann sieht sie es. Wenn ihre Augen schlecht sind, ist es egal, wie lange sie dort steht." Zu den Dingen, die Ajahn Man ihm veranschaulichte, gehörte die Natur des Geistes. Er wies auf den Unterschied zwischen dem Geist an sich und dessen sich verändernde Aktivitäten und Zuständen hin. Das vorliegende Werk beginnt mit dieser Erklärung als Grundlage des rechten Verstehens.

Eine von Ajahn Chahs häufig erzählten Geschichten handelte von einem Mann, der sich dazu entschlossen hatte, „alles hinter sich zu lassen“ und dem Dharma zu folgen. Er verkaufte sein Haus und seinen gesamten Besitz und ließ seine Familie gleich mit ihm zusammen ordinieren. Sie gingen auf eine Pilgerreise nach Indien und kehrten danach nach Thailand zurück, um unter einem spirituellen Meister zu praktizieren.

Da Ajahn Man Thailands bekanntester Lehrer war, gingen sie zu seinem Kloster. Als sie dort ankamen, sahen sie, wie er mit seinen Schülern zusammensaß, Betelnuss kaute, redete und lachte. Der Mann war schockiert und bestürzt, entsprach dies nicht seiner Vorstellung, wie ein Guru auszusehen hatte. Er dachte an die buddhistischen Schriften, in denen geschrieben steht, dass der Buddha niemals lachte, sondern höchstens lächelte, ohne dabei seine Zähne zu zeigen. Also verließ er zusammen mit seiner Familie Ajahn Man, legte die Robe ab und gab die Suche auf.

Zwei weitere Lehrer, über die Ajahn Chah voller Ehrfurcht sprach, waren Ajahn Ginnarih und Ajahn Tongrat. Und dann gab es noch die Schutzheiligen der Tradition, wie den einsiedlerischen Ajahn Sao, Ajahn Mans Mentor und ältesten Begleiter, der während Ajahn Chahs Kindheit einmal in dem nahegelegenen Waldstück sein Lager aufschlug, in dem Ajahn Chah später sein Kloster gründete.

Ajahn Chah erinnerte sich: „Mein Vater ging zu ihm, um von ihm den Dharma zu hören. Ich war noch ein Kind, aber die Erinnerung daran ist immer in meinem Geist präsent geblieben. Mein Vater erzählte mir, wie er zu diesem Meditationsmönch ging, um ihm seinen Respekt zu erweisen. Es war das erste Mal, dass er einen Mönch aus seiner Schale essen sah, indem er alles zusammen in die eine Almosenschale legte – Reis, Fisch, Curry, Süßigkeiten, einfach alles. Er fragte sich, was für ein Mönch das wohl sein mochte.

Dann erzählte er mir, wie er Dharma-Belehrungen von Ajahn Sao bekam. Es war nicht die gewöhnliche Art der Lehrdarlegung; er sprach einfach über das, was ihm auf dem Herzen lag. Das war der Praxis-Mönch, der einmal bei uns gewesen war.“

In Ajahn Chahs Klöstern lag die Betonung darauf, jede Aktivität zu einer Meditation zu machen; desgleichen wies er darauf hin, dass Belehrungen überall gefunden werden könnten und dass ein Meditationsmeister durch alles, was er tue, Unterweisungen gebe. In seinem informellen Lehrstil flocht Ajahn Chah manchmal Episoden dieser Meister in seine Lehrvorträge ein:

> „Versteht bitte, dass unser gesamter Lebensstil der Schulung und Erweckung des Herzens gewidmet ist. Was immer der Lehrer macht, alle seine Handlungen und Ansprachen, egal ob sie sanft oder harsch erscheinen, dienen diesem Zweck. Es sind alles Dharma-Belehrungen. Leute, die noch neu sind, verstehen das nicht. Wenn wir sagen, dass der Ajahn eine Belehrung geben wird, dann denken sie, dass er auf den hohen Sitz klettern und von dort aus sprechen wird. Dies verstehen sie unter einer Dhamma-Belehrung. Und wenn der Ajahn dann tatsächlich einen Vortrag hält und zu Beginn die kurze Ehrerbietung an den Buddha rezitiert, sind sie sogleich eingeschlafen!
>
> Früher lebte ich bei Ajahn Ginnarih. Oft habe ich nicht verstanden, worüber er sprach. Immer wenn jemand etwas tat, was nicht richtig war, brüllte er los: ‚He, du kommst in die Hölle!' Wenn wir beim Essen waren, sagte er häufig: ‚Du da drüben, du bist gerade in die Hölle gefahren.' Ich dachte schon, er sei besessen; ich wusste wirklich nicht, warum er immer wieder mit der Hölle anfing. Was immer wir taten, er sagte uns ständig, dass wir in die Hölle fahren würden. Aber weil ich das immer wieder hörte, versuchte ich über die Bedeutung nachzudenken. Worum ging es ihm bei all dem Höllengerede? ‚Du bist gerade in die Hölle gefahren!' ‚Pass auf, du wirst sonst in die Hölle fahren!' Schließlich ging ich zu ihm, um ihn direkt zu fragen. Er sagte dazu:
>
> ‚Oh, es bedeutet, dass ihr auf dem Weg dorthin seid; ihr erschafft die Ursache für Dukkha. Schafft keine Ursachen für Dukkha. Da befindet sich die Hölle! Dort werdet ihr hinkommen.'
>
> Als ich diese Worte hörte, hab ich's schließlich kapiert: Nur Dukkha allein ist die Hölle. Aber selbst etwas so Offensichtliches konnte ich nicht selbst herausfinden. Leiden ist die Hölle. Jemand, der etwas Unrechtes tut und sich selbst Leid beschert, ist ein Höllenwesen. Als ich darüber nachdachte, konnte ich verstehen, dass dies genau der Ort ist, wo sich die Hölle befindet. Sie ist so nahe und unmittelbar."

Ajahn Tongrat, ein Seniorschüler von Ajahn Sao und Ajahn Man, war als eigenwilliger Meister bekannt, dessen Worte und Verhaltensweisen anderen Menschen oft seltsam vorkamen. Ajahn Chah pries ihn als Beispiel für jemanden, der zum Kern der Sache vorgedrungen war. Die Lebensweise in Ajahn Chahs Klöstern war zum großen Teil so gestaltet wie in Ajahn Tongrats Kloster.

„Ajahn Tongrat lehrte nicht viel; er sagte immer zu uns: ‚Seid vorsichtig! Seid wirklich vorsichtig!' So sah sein Lehrstil aus. ‚Wenn ihr nicht wirklich vorsichtig seid, dann müsst ihr dafür geradestehen!' Das ist wirklich so. Selbst wenn er es nicht gesagt hätte, es ist trotzdem so wie es ist: Wenn man nicht vorsichtig ist, muss man dafür geradestehen.

Normalerweise sind wir uns nicht gewahr, wie Lehrer den Dharma unterrichten. Einst ging Ajahn Tongrat mit einer Gruppe von Mönchen spazieren. Er sah einen männlichen Wasserbüffel, der am Straßenrand Gras fraß. Er sagte: ‚Oh! Dieser weibliche Wasserbüffel frisst Gras neben der Straße!' Die Mönche waren verwundert und fragten sich, ob Ajahn Tongrat einen weiblichen mit einem männlichen Wasserbüffel verwechselt hatte.

Sie gingen noch etwas weiter, und er fragte dann: ‚He, habt ihr den weiblichen Büffel dort beim Grasfressen gesehen?' Die Mönche dachten wahrscheinlich, der Ajahn sei verwirrt. Sie verstanden nicht, dass er ihnen etwas beizubringen versuchte. Jemand mit Weisheit hätte diese Worte verstanden, wenn er sie gehört hätte. Büffel sind nicht ‚männlich' oder ‚weiblich'. Sie so zu nennen, ist lediglich eine Konvention. Aber wir bezeichnen sie als männlich oder weiblich und halten dann starr daran als etwas letztendlich Wahrem fest.

Wir neigen dazu, so zu sein. Wenn du zum Beispiel eine Frau siehst, verändert sich dein Geist auf eine bestimmte Weise. Wenn du einen Mann siehst, reagiert der Geist auf eine andere Weise. Wenn du einen alten Menschen siehst, wird er sich wieder auf andere Art verändern, und wenn du einen jungen Menschen siehst, verändert er sich wieder auf eine andere Weise. Das ist ausschließlich der Pfad des Leidens. Du fühlst dich von den Jungen angezogen und von den Alten abgestoßen, schöne Menschen ziehen dich an, während dich unscheinbare oder hässliche nicht interessieren. Dementsprechend erschafft der Geist stets weiteres Karma und Dukkha.

Der Ajahn unterrichtete uns also, während er einfach nur durch die Gegend spazierte. Wenn er über verschiedene Dinge sprach, unterwies er uns Mönche. Wir sollten das verstehen und den Dharma erkennen. Der Dharma ist überall."

Eine Bemerkung zur Terminologie: Pāli ist die Sprache der Theravāda-Schriften, aber die Sanskrit-Versionen mancher Begriffe mögen dem westlichen Leser eher vertraut sein. Daher wurden „Dharma" anstatt „*Dhamma*" und „Karma" anstatt „*Kamma*" verwendet. An anderen Stellen schien es angemessener, auf den Pāli-Begriff zu verwenden. Ein Glossar findet sich am Ende des Buches.

Die im Vorwort zitierten Belehrungen wurden noch von Kassetten transkribiert und stammen von erinnerten Notizen aus formellen Vorträgen und informellen Gesprächen aus den siebziger Jahren, bei denen ich anwesend war. Oder sie wurden von anderen Schülern Ajahn Chahs weitergereicht. Die Belehrungen im Buch stammen allesamt aus einer Sammlung von circa 150 Vorträgen, die auf Thai und Laotisch gehalten wurden und irgendwie die Spuren der Zeit und des tropischen Klimas überstanden haben. Die Vorträge waren sowohl an die Kloster- als auch an die Laiengemeinschaft gerichtet, in Ajahn Chahs Klöstern und anderen Schauplätzen in Thailand, England und den USA.

TEIL EINS:

SAMMA DITTHI – RECHTE ANSCHAUUNG

I

Den Geist verstehen

IN DER MEDITATIONSPRAXIS entwickeln wir Achtsamkeit mit dem Ziel, stets achtsam zu sein. Mittels Energie und Geduld kann man dem Geist Stabilität verleihen. Was immer wir dann an angenehmen oder unangenehmen Sinneseindrücken und mentalen Phänomenen in Form von Freude oder Niedergeschlagenheit erfahren, werden wir ganz deutlich wahrnehmen. Phänomene sind eine Sache, der Geist eine andere. Sie sind zwei verschiedene Dinge.

Wenn etwas den Geist berührt und uns Freude bereitet, dann wollen wir dem nachgehen. Wenn uns etwas missfällt, wollen wir davor weglaufen. Das bedeutet, dass wir nicht den Geist sehen, sondern den Phänomenen hinterherlaufen. Phänomene sind Phänomene, Geist ist Geist. Wir müssen sie voneinander trennen und uns darüber klar sein, was der Geist ist und was die Phänomene sind. Dann geht es uns gut.

Wenn uns jemand mit schroffen Worten attackiert, ärgern wir uns. Das bedeutet, dass wir uns von Phänomenen irreführen lassen und ihnen folgen; der Geist ist von seinen Objekten gefangen und folgt deren Launen. Man muss sich wirklich darüber im Klaren sein, dass all jene Dinge, die wir im Außen wie im Inneren erleben, nichts weiter als Täuschungen sind. Sie sind weder verlässlich noch wahr und wenn wir ihnen nachgehen, kommen wir vom Weg ab. Der Buddha wollte, dass wir meditieren und die Wahrheit der Dinge, die Wahrheit der Welt sehen. Die Welt besteht aus den Phänomenen der sechs Sinne; die Phänomene sind die Welt.

Wenn wir den Dharma nicht verstehen, wenn wir den Geist und die Phänomene nicht kennen, dann vermischen sich der Geist und seine Objekte. Dann erfahren wir Leid und haben das Gefühl, dass unser Geist leidet. Wir spüren, wie unser Geist umherwandert, wie er unkontrolliert diverse unglückliche Befindlichkeiten erfährt und von einem Zustand zum nächsten wechselt. Tatsächlich ist das aber nicht wirklich der Fall: Denn es gibt den Geist nicht in der Mehrzahl, wohl aber gibt es viele Phänomene. Wenn wir nicht achtsam sind, wissen wir nicht, was wir eigentlich wollen und folgen diesen Dingen. Die Menschen sagen: „Mein Geist ist aufgebracht", „mein Geist ist unglücklich", „mein Geist ist zerstreut." Doch das stimmt in Wirklichkeit nicht. Der Geist ist nicht irgendetwas, aber die Befleckungen sind es. Die Leute denken, ihr Geist sei nicht entspannt oder glücklich; tatsächlich aber ist der Geist überaus ruhig und glücklich. Wenn wir verschiedene unbefriedigende Zustände erleben, dann ist das nicht der Geist. Halten wir also fest: Wenn ihr zukünftig solche Erfahrungen macht, erinnert euch daran, dass Ajahn Chah gesagt hat: „Das ist nicht der Geist."

Wir praktizieren, um den Geist zu erreichen – den „alten" Geist. Dieser ursprüngliche Geist ist nicht konditioniert. Darin gibt es kein gut oder schlecht, lang oder kurz, schwarz oder weiß. Doch ein solcher Geist genügt uns nicht, denn wir schauen die Dinge nicht direkt an und verstehen sie nicht genau.

Der Dharma befindet sich jenseits der Gewohnheiten des „normalen" Geistes. Wenn wir noch ungeübt sind, passiert es relativ leicht, dass wir das Falsche mit dem Richtigen und das Richtige mit dem Falschen verwechseln. Deshalb müssen wir Belehrungen hören, um ein Verständnis des Dharma zu erlangen und um den Dharma in unserem eigenen Geist erkennen zu können. Dummheit befindet sich im Geist. Intelligenz befindet sich im Geist. Dunkelheit und Verblendung existieren im Geist ebenso wie Wissen und Erleuchtung.

Es ist wie bei einem schmutzigen Teller voller Essenreste oder einem verdreckten Boden in der Wohnung. Mit Seife und Wasser kann man den Schmutz entfernen. Ist der Schmutz weg, dann ist der Teller oder der Boden sauber. In unserem Fall ist der Geist verunreinigt. Wenn wir auf die richtige Art und Weise praktizieren, kommt etwas Sauberes zu Tage, genau wie bei einem verdreckten Boden, der gereinigt wurde. Nachdem der Dreck weggeschrubbt worden ist, erscheint der Zustand der Sauberkeit. Es ist nur der Schmutz, der ihn verdeckt.

Der wahre Geist ist in seinem natürlichen Zustand stabil und unbefleckt. Er ist klar und rein. Er wird von Dunkelheit überschattet und befleckt, weil er auf Sinnesobjekte stößt und durch Zuneigung oder Abneigung unter ihren Einfluss gerät. Es ist nicht so, dass der Geist von Natur aus befleckt wäre, er ist nur noch nicht im Dharma verankert. Daher können Phänomene ihn beflecken.

Das Wesen des ursprünglichen Geistes ist unerschütterlich. Er ist ruhig. Wir sind nicht ruhig, weil wir uns von Sinnesobjekten erregen lassen und schließlich zu Sklaven der wechselnden Geisteszustände werden, die daraus resultieren. Praktizieren bedeutet deshalb, unseren Weg zurück zum ursprünglichen Zustand zu finden, zum „Alten". So finden wir unser altes Heim, den ursprünglichen Geist, der nicht ins Wanken gerät und sich nicht verändert, indem er den verschiedenen Phänomenen folgt. Er ist von Natur aus vollkommen friedlich; er ist etwas, das bereits in uns ist.

2

Die Phänomene verstehen

DIE URSACHEN UNSERER UNZUFRIEDENHEIT liegen in uns selbst. Sie manifestieren sich, wenn wir uns von inneren oder äußeren Phänomenen täuschen lassen. Wir müssen den Geist in rechter Anschauung üben. Ohne die richtige Sichtweise kommen wir vom Weg ab und empfinden dann alles als zu kurz, zu lang oder was auch immer. „Richtig" bedeutet das Erkennen der drei Merkmale Vergänglichkeit, Unzulänglichkeit und das Nichtvorhandensein eines Selbst in allem, was wir durch Körper und Geist erfahren.

So wie die Dinge sind, stellen sie die Wahrheit dar. Doch wir wollen, dass sie so sind, dass sie unseren Neigungen und Vorlieben entsprechen. Wir üben, wie der Buddha zu werden, der „Kenner der Welt"; und die Welt, das sind diese Phänomene, so wie sie nun einmal sind.

Wenn innere oder äußere Objekte des Geistes entstehen, nennen wir sie sinnliche Phänomene oder geistige Aktivitäten. Das, was sich der Phänomene gewahr ist, nennt man – nun, wie auch immer man es nennen will; man könnte es als „Geist" bezeichnen. Das Phänomen ist das eine, und das, was sich dessen gewahr ist, das andere. Es ist wie das Auge und die Dinge, die es sieht. Das Auge ist nicht das Objekt, und die Objekte sind nicht das Auge. Das Ohr hört Töne, aber das Ohr ist nicht der Ton, und die Töne sind nicht das Ohr. Besteht Kontakt zwischen den beiden, dann ereignet sich etwas.

Unsere Einstellung gegenüber den fünf *khandhas* (den „Daseinsgruppen": Körper, Empfindungen, Wahrnehmungen, Gedanken und Bewusstsein), die wir hier vor uns sehen, sollte leidenschaftslos und distanziert sein, denn sie richten sich nicht nach unseren Wünschen. Ich denke, das zu wissen sollte ausreichen. Wenn sie uns erhalten bleiben, sollten wir uns nicht so sehr freuen, dass wir uns am Ende selbst vergessen. Wenn sie zerfallen, sollten wir darüber nicht übermäßig betrübt sein. Das Entstehen und Vergehen zu erkennen reicht bereits.

Allein darum geht es sowohl in der Einsichts- als auch in der Ruhemeditation. Doch mir scheint, dass unter Buddhisten heutzutage Konfusion und Unklarheit herrscht, wenn sie unter Bezugnahme der traditionellen

Schriften über diese Dinge diskutieren. Die Wahrheit hingegen ist weder konfus noch unklar. Sie bleibt, wie sie ist. Ich habe daher das Gefühl, dass es besser ist, die Quelle aufzuspüren und zu schauen, wie die Dinge im Geist entstehen. Dafür braucht es wirklich nicht viel.

Es heißt: „Diese Welt der Wesen, beherrscht von Alter und Vergänglichkeit, ist nicht von langer Dauer." Mit „Wesen" sind wir gemeint. Wir werden menschliche Wesen genannt. Neben uns gibt es noch andere Wesen, z. B. die Tiere: Vieh und Geflügel usw. Doch für alle ist das Altern, der Verfall der verschiedenen Bestandteile ihres physischen Körpers, eine Tatsache ihrer Existenz. Diese Dinge verändern sich laufend. Sie können nicht bestehen bleiben, sie müssen dem Weg der *sankhārā* folgen, der konditionierten Phänomene. So ist die Welt der Wesen, und wir fühlen uns immer unzufrieden. Unsere Emotionen der Liebe und des Hasses bringen uns nie Erfüllung. Wir haben nie das Gefühl, genug zu haben, sondern fühlen uns immer irgendwie blockiert. Wie wir es bei uns kurz und bündig zu sagen pflegen: Wir sind Menschen, die nicht genug wissen; wir sind nicht damit zufrieden, das zu sein, was wir sind. Deshalb schwankt unser Geist ohne Unterlass und wechselt ständig zwischen guten und schlechten Zuständen, je nach den verschiedenen Phänomenen, denen wir begegnen. Wie eine Kuh, die mit ihrem Schwanz nicht zufrieden ist. Mit einem unsteten Geist befinden wir uns immer in einem Zustand der Unzufriedenheit, egal was wir erfahren. Wir werden zu Sklaven der Begierde.

Sklave zu sein ist ein sehr leidvoller Zustand. Ein Sklave muss stets seinem Herrn gehorchen, selbst wenn dieser dem Sklaven etwas befiehlt, das diesen tödlicher Gefahr aussetzt. Aber mit unserer Gier sind wir immer bereit und willens, seinen Befehlen zu gehorchen. Auf diese Weise lassen wir uns von unseren egoistischen Gewohnheiten beherrschen.

In Wirklichkeit gibt es in der Welt der Wesen keinen Herrscher. Wir selbst sind Herrscher über unser Leben, denn wir haben die Entscheidungsgewalt, Gutes oder Schlechtes zu tun. Niemand sonst tut das für uns.

In dieser Welt der Wesen gibt es keinen Besitz. Niemandem gehört etwas. Wenn wir das mit rechter Anschauung sehen, werden wir den Zugriff lockern und die Dinge sein lassen, wie sie sind. Wenn wir auf diese Welt kommen und ihre Begrenztheiten erkennen, haben wir unsere Aufgabe erfüllt. Zu unserem eigenen Gewinn bauen wir unsere spirituellen Tugenden (*pāramīs*) auf.

3

Das ist schon in Ordnung

Wo ist der Dharma? Der gesamte Dharma sitzt hier bei uns. Was immer du erlebst, ist richtig, so wie es ist. Wenn du alt geworden bist, denk nicht, dass etwas schiefläuft. Wenn dein Rücken schmerzt, denk nicht, das sei nicht richtig. Wenn du leidest, denk nicht, das sei falsch. Wenn du glücklich bist, denk nicht, das sei falsch.

Dies alles ist Dharma. Leiden ist einfach nur Leiden. Glück ist einfach nur Glück. Heiß ist einfach nur heiß. Kalt ist einfach nur kalt. Und nicht etwa: „Ich bin glücklich, ich leide, ich bin gut, ich bin schlecht, ich habe etwas gewonnen, ich habe etwas verloren." Was gibt es denn, das von einer Person verloren werden kann? Rein gar nichts. Etwas gewinnen ist Dharma. Es wieder zu verlieren ist Dharma. Sich glücklich und behaglich zu fühlen ist Dharma. Sich unbehaglich zu fühlen ist Dharma. Das bedeutet, nach allen diesen Zuständen nicht zu greifen, sondern sie in ihrer Eigenart zu erkennen. Wenn du Glück erfährst, erkennst du: „Oh, Glück ist nicht von Dauer." Wenn du leidest, erkennst du: „Oh, Leiden ist nicht von Dauer." „Oh, das ist wirklich gut!" – das ist nicht von Dauer. „Das ist wirklich ganz, ganz schlecht!" – ebenfalls nicht von Dauer. Diese Dinge haben ihre Grenzen, halte also nicht so stark an ihnen fest.

Der Buddha lehrte über Vergänglichkeit. Die Dinge sind, wie sie sind, sie richten sich nicht nach unseren Wünschen. Das ist eine Edle Wahrheit. Vergänglichkeit beherrscht die Welt, und das ist etwas Unvergängliches. Hier zeigt sich unsere Verblendung, daher müssen wir die Augen offenhalten. Was immer sich ereignet, betrachte es als richtig. Alles ist richtig auf seine Art, nämlich in ständiger Bewegung und Veränderung. Das gilt auch für unseren Körper – für alle Phänomene des Körpers und des Geistes. Wir können sie nicht anhalten; sie können nicht zur Ruhe gebracht werden. Das entspricht ihrem vergänglichen Wesen. Wenn wir uns nicht gegen diese Realität sträuben, werden wir glücklich sein, wo immer wir uns befinden. Wo immer wir sitzen, sind wir glücklich. Wo immer wir schlafen, sind wir glücklich. Selbst wenn wir alt werden, machen wir keine große Sache daraus. Man steht auf, der Rücken schmerzt, und man denkt: „Ja, das ist schon in Ordnung.“ Es ist in Ordnung – kämpfe also nicht dagegen an. Lassen die Schmerzen nach, denkst du vielleicht: „Ah, das ist besser!“ Doch es ist nicht besser. Du lebst ja noch, also werden die Schmerzen wiederkommen. Weil das eben so ist, musst du deinen Geist auf diese Kontemplation ausrichten und darfst ihm nicht erlauben, von der Praxis abzuweichen. Bleibe stets dabei und vertraue den Dingen nicht allzu sehr; vertraue stattdessen auf den Dharma, dass das Leben so ist. Glaube nicht an das Glück, glaube nicht an das Leid. Klammere dich an nichts.

Mit einer solchen Grundlage sei guten Mutes: Was immer passiert, ist nicht von Dauer, es ist nicht verlässlich. So ist die Welt. Dann wird es einen Weg für uns geben, um mit dem Leben zurechtzukommen und uns selbst zu schützen. Mit Achtsamkeit, Wissensklarheit und allumfassender Weisheit verläuft der Weg harmonisch. Nichts kann uns mehr enttäuschen, denn wir haben uns auf den Weg gemacht. Wenn wir fortwährend hinschauen, begegnen wir dem Dharma zu jeder Zeit.

4

Die Dinge durchschauen

AJAHN CHAHS PRAXIS zeichnete sich durch die Qualität der Unerschrockenheit aus. Er schreckte vor nichts zurück, egal, was ihn belastete. Trotz seiner Angst vor Geistern, die in Thailand äußerst verbreitet ist, verbrachte er eine Nacht auf einem öffentlichen Verbrennungsplatz. Er machte dort so schreckliche Erfahrungen, dass er am nächsten Morgen Blut in seinem Urin entdeckte. Trotzdem blieb er auch während der folgenden Nacht dort.

Er war sehr freimütig hinsichtlich seiner Schwächen. In seinen frühen Jahren als Mönch war sexuelle Begierde ein großes Problem für ihn. „Wenn ich allein im Wald übte, sah ich manchmal die Affen auf den Bäumen und empfand dabei Begierde. Ich saß dann da, schaute und dachte voller Lust: ‚Es wäre gar nicht so übel hinzugehen und ein Affe unter Affen zu sein!' Soweit kann einen sexuelle Begierde bringen – sogar ein Affe schaffte es, mich zu erregen."

Gequält von Wollust praktizierte Ajahn Chah die Gehmeditation und hatte dabei die Robe bis über die Taille hochgezogen. In seiner Fantasie sah er überall weibliche Genitalien. Aber er gab der Versuchung nicht nach. Vielmehr dachte er, dass dies ein Überbleibsel seines Umgangs mit dem anderen Geschlecht aus vergangenen Leben sei und dass er dem in diesem Leben ein Ende machen würde. Es beenden mit der Einstellung, dass es dafür keinen anderen Ort und keine andere Zeit gab als hier und jetzt; und oft sagte er, dass er eben gerade aufgrund seines großen Vorrats an Befleckungen in der Lage war, Weisheit zu entwickeln.

5

Buddhas und Bodhisattvas

Man könnte es so sagen: Wir sind fühlende Wesen und arbeiten daran, erwachte Wesen (Bodhisattvas) zu werden. Das entspricht genau dem, was der erhabene Buddha tat.

Wenn der Geist von Begierde, Abneigung und Verblendung verdunkelt ist, haben wir es mit einem fühlenden Wesen zu tun. Aber sobald wir in unseren Herzen die vier „himmlischen Stätten des Verweilens" (*Brahmavihāra* – liebevolle Zuwendung, Mitgefühl, empathische Freude und Gleichmut) etabliert haben, dürfen wir vortreffliche Wesen oder eben Bodhisattvas genannt werden. Selbst Wesen ohne solche hervorragenden Qualitäten können diese entwickeln und schließlich erleuchtet werden. Vor seinem Erwachen war der erhabene Buddha ebenfalls nur ein gewöhnlicher Mensch. Aber er entwickelte sich zu einem außergewöhnlichen Wesen weiter, das von den Brahmavihāras erfüllt war. Deshalb wurde er Bodhisattva genannt. So erlangte er umfassendes Wissen und erwachte schließlich zum Buddha, weil er durch sein beharrliches Kontemplieren die Wahrheit und die Tatsachen der Vergänglichkeit, des Leidens und der Ichlosigkeit erkannte. Denkt also nicht, dass es nur einen Buddha gab. Tatsächlich ist dieser eine Buddha der *saccadhamma*, die Wahrheit, und wer immer dazu erwacht ist, ist ein Buddha. Es mag Hunderte, ja Tausende von Buddhas geben, doch sie werden alle derselben Spur folgen, nämlich derjenigen der rechten Anschauung.

Dennoch gibt es einen Buddha: die rechte Anschauung. Wer zu rechter Anschauung erwacht ist, ist nicht vom Buddha zu unterscheiden. Somit sind der Buddha und die fühlenden Wesen nicht weit voneinander entfernt. Dies sollte man im eigenen Geist verwirklichen. Wenn wir die Wahrheit des ursprünglichen Geistes verwirklichen, sehen wir, dass man sie unmöglich beschreiben oder an jemand anderen weitergeben kann. Es gibt keine Möglichkeit, sie zu zeigen; es gibt nichts Vergleichbares. Sie ist jenseits von Sprache und Begriffen. Wenn wir Belehrungen geben, stützen wir uns auf äußere Dinge, um Vorstellungen zu vermitteln. Doch muss jeder Einzelne die Wahrheit für sich selbst verwirklichen.

6

Die Dinge sehen, wie sie wirklich sind

DER BUDDHA LEHRTE, dass man auf alles achten sollte, was erscheint. Die Dinge bleiben nicht so wie sie sind. Einmal entstanden, vergehen sie. Wenn sie vergangen sind, erscheinen sie ein zweites Mal und vergehen dann ebenfalls wieder. Aber eine verwirrte, nicht belehrte Person möchte das nicht wahrhaben. Wenn wir beim Meditieren still werden, dann wollen wir ungestört in der Stille verweilen. Doch das ist nicht realistisch. Der Buddha wollte, dass wir uns zunächst die Fakten ansehen und diese Dinge als trügerisch erkennen, erst dann können wir wirklich Ruhe haben. Wenn wir sie nicht durchschauen, werden wir zu ihren Besitzern und tappen in die Falle des Glaubens an ein Selbst. Wir müssen also zum Ursprung zurückkehren und herausfinden, weshalb es diesen Verlauf genommen hat. Es ist wichtig zu verstehen, wie die Dinge wirklich sind, auf welche Weise sie den Geist berühren und wie der Geist auf sie reagiert; erst dann können wir in Frieden leben. Diese Zusammenhänge müssen wir untersuchen. Frieden werden wir nicht erreichen, wenn wir nicht akzeptieren können, dass die Dinge so geschehen, wie sie geschehen. Wohin wir auch immer zu flüchten versuchen, überall verhalten sich die Dinge gleich; das ist ihre Natur.

Einfach gesagt: Dies ist die Wahrheit. Vergänglichkeit, Leiden und Abwesenheit eines Selbst entsprechen dem Wesen der Erscheinungen. Sie sind nichts anderes als das, doch wir sprechen den Dingen mehr Bedeutung zu, als sie tatsächlich haben.

Es ist wirklich nicht so schwierig, Weisheit entstehen zu lassen. Man muss nur nach den Ursachen Ausschau halten und das Wesen der Dinge verstehen. Wenn der Geist unruhig ist, musst du dir klarmachen, „Dies ist ungewiss, es ist vergänglich!" Wenn der Geist ruhig ist, fang nicht an zu denken: „Ah, wie schön friedlich!", denn das ist ebenfalls nicht gewiss.

Wenn jemand fragt: „Was ist deine Lieblingsspeise?", dann nimm das nicht allzu ernst. Wenn du sagst, was du am liebsten isst, was ist daran so besonders? Stell dir vor, du müsstest es jeden Tag essen, würdest du es dann immer noch genauso gern essen? Wahrscheinlich würdest du irgendwann genug haben und sagen: „Um Himmels willen, nicht schon wieder!"

Verstehst du das? Am Ende kann man von dem krank werden, was man am liebsten hat. Das liegt an der Veränderlichkeit der Dinge und das solltest du erkennen. Genuss ist unsicher, Unglücklichsein ist unsicher. Vorlieben sind unsicher. Ruhe ist unsicher. Aufgeregtheit ist unsicher. Absolut alles ist unsicher. Was immer geschieht, verstehen wir auf diese Weise und lassen uns von nichts vereinnahmen. Alle Erfahrungen sind ausnahmslos ungewiss, denn ihr Wesen ist die Vergänglichkeit. Vergänglichkeit bedeutet, dass die Dinge nicht festgelegt oder dauerhaft sind. Um es ganz einfach zu sagen: Diese Wahrheit ist der Buddha.

Anicca, Ungewissheit, ist die Wahrheit. Diese Wahrheit ist offensichtlich, doch wir schenken ihr keine Beachtung. Der Buddha sagte: „Wer den Dharma sieht, sieht mich." Wenn wir *anicca*, die Qualität der Ungewissheit, in allen Dingen sehen, dann können Distanziertheit und Weltüberdruss entstehen. „Na, was ist das schon! Daran ist nichts Besonderes. Was ist das schon!" Der Geist festigt sich in dieser Haltung: „Was ist das schon. Aha!" Haben wir das erst einmal erkannt, müssen wir uns in unserer Kontemplation auf nichts Schwieriges mehr einlassen. Was immer uns begegnet, der Geist sagt stets: „Was ist das schon!" und belässt es dabei. Und das war's dann. Wir gewinnen die Erkenntnis, dass alle Phänomene nur Trugbilder sind. Nichts ist beständig oder von Dauer, sondern alles ist in ununterbrochenem Wandel und weist die Merkmale Vergänglichkeit, Leiden und Nicht-Selbst auf. Es ist wie mit einer glühend heißen Eisenkugel, die in einem Schmelzofen erhitzt wurde. Welcher Teil davon wird kalt sein? Versuche sie zu berühren, wenn Du willst. Berühre sie oben, und sie wird heiß sein. Berühre sie unten, und sie wird heiß sein. Berühre sie an den Seiten, und sie wird heiß sein. Weshalb ist sie heiß? Weil es sich um eine glühend heiße Eisenkugel handelt, die durch und durch knallheiß ist. Haben wir das begriffen, wollen wir sie nicht mehr berühren. Wenn du das Gefühl hast: „Das ist wirklich gut! Ich mag es! Ich will es haben!" – dann schenke solchen Gedanken keinen Glauben; nimm sie nicht allzu ernst. Es handelt sich um eine glühend heiße Eisenkugel. Wenn du sie an irgendeiner Stelle berührst oder versuchst sie aufzuheben, wirst du dich verbrennen. Du wirst große Schmerzen haben, deine Haut wird aufreißen und anfangen zu bluten.

All das sollten wir zu jeder Zeit kontemplieren, ob beim Gehen, Stehen, Sitzen oder Liegen. Selbst wenn wir ausgehen, während des Essens oder danach oder wenn wir auf der Toilette sind, sollten wir immer sehen, dass alle unsere Erfahrungen unbeständig und vergänglich sind, und dass sie unbefriedigend und ohne Selbst sind. Was unbeständig und vergänglich ist, ist ungewiss und unwirklich. Sie sind allesamt unwahr, ohne jede Ausnahme. Es ist wie bei der rotglühenden Eisenkugel – können wir sie irgendwo berühren, wo sie nicht heiß wäre? Ausnahmslos jeder Teil ist heiß, also versuchen wir gar nicht erst, sie zu berühren.

Dies zu üben ist nicht sonderlich schwer. Zum Beispiel warnen Eltern ihr Kind davor, mit dem Feuer zu spielen: „Geh nicht zu nahe ans Feuer! Es ist gefährlich! Du könntest dich verbrennen!" Das Kind glaubt den Eltern vielleicht nicht oder es versteht nicht, was sie sagen. Aber nachdem es die Flammen einmal berührt und sich verbrannt hat, können sich die Eltern alle Warnungen oder Erklärungen ersparen.

Egal, wie sehr der Geist von etwas fasziniert oder betört ist, man sollte ihn immer daran erinnern: „Es ist nicht verlässlich! Es ist nicht beständig!" Vielleicht schenkt dir jemand ein Glas und du machst dir Gedanken darüber, wie schön es ist. „Was für ein hübsches Glas. Ich will es aufbewahren und aufpassen, dass es nicht zerbricht." Dann musst du dir sagen: „Es ist nicht sicher." Du könntest daraus trinken und es neben deinem Ellenbogen abstellen, und in einem Moment der Unachtsamkeit stößt du es um und es zerbricht.

Wenn es nicht heute zerbricht, wird es morgen zerbrechen. Wenn es nicht morgen zerbricht, wird es übermorgen zerbrechen. In Dinge, die unweigerlich kaputtgehen werden, sollte man kein Vertrauen investieren.

Diese Vergänglichkeit ist der wahre Dharma. Die Dinge sind nicht beständig oder wirklich. Nichts an ihnen ist wirklich, und genau diese Tatsache ist wahr. Hast du Einwände dagegen? Es ist das Sicherste überhaupt: Einmal geboren, wirst du zwangsläufig altern, krank werden und sterben. Das ist die permanente und gewisse Wahrheit und diese permanente Wahrheit folgt aus der Wahrheit der Vergänglichkeit. Durch die gründliche Untersuchung der Dinge nach dem Maßstab „nicht dauerhaft, nicht gewiss" findet eine Transformation in etwas Dauerhaftes und Sicheres statt, und dann trägt man nicht mehr länger die Last der Dinge.

Die Nachfolger des Buddha sind zur Wahrheit der Vergänglichkeit erwacht. Durch das Erwachen zur Vergänglichkeit erfuhren sie den Überdruss und die Abwendung von den Dingen – *nibbidā* genannt. Abwendung ist nicht gleichbedeutend mit Abneigung. Wenn Abneigung besteht, dann ist das keine Abwendung im eigentlichen Sinne und kann nicht als Pfad dienen. *Nibbidā* ist nicht das, was wir uns normalerweise unter Weltüberdruss vorstellen. Beispielsweise könnten wir bei familiären Schwierigkeiten die Vorstellung entwickeln, wir seien im Sinne der Lehre desillusioniert. So ist es aber nicht; dadurch nehmen lediglich unsere Befleckungen zu und tyrannisieren unsere Herzen. „Ich hab's wirklich satt! Ich lasse alles hinter mir und haue ab!" Das ist eine Abwendung aufgrund von Befleckungen. Was wirklich geschieht, ist, dass sich deine Befleckungen sogar noch vermehren werden, ehe du überhaupt den Impuls hattest, der Dinge überdrüssig zu sein, denen du ablehnend gegenüberstehst.

Es ist wie mit der Vorstellung von *Mettā*, der liebenden Güte. Wir denken, dass wir Menschen und allen anderen Lebewesen liebende Güte entgegenbringen sollten. Also sagst du dir: „Ich sollte ihnen gegenüber keinen Ärger empfinden. Ich sollte Mitgefühl haben. Fühlende Wesen sind eigentlich liebenswert." Also entwickelst du Zuneigung für sie und diese wird schließlich zu Begierde und Anhaftung. Vorsicht damit! Es geht nicht nur um das, was wir normalerweise Liebe nennen. Das ist nicht Mettā im Sinne des Dharma. Es ist Mettā, das von Egoismus durchsetzt ist. Wir wollen etwas von den anderen und nennen es Mettā. Das ähnelt unserem gewöhnlichen „Weltüberdruss". „Oh ja, ich habe wirklich alles satt, ich bin dann mal weg!" Das sind Befleckungen in Reinkultur. Es ist kein wirklicher Weltüberdruss und keine Ernüchterung, es heißt nur dem Namen nach so. Das ist nicht der Pfad des Buddha. Wenn es auf die rechte Art geschieht, ist es ein Aufgeben ohne Abneigung oder Aggression, ohne böswillige Gefühle gegen irgendjemanden. Es ist nicht mit Klagen oder Schuldzuweisungen verbunden – man sieht einfach alles als leer an.

Es bedeutet an den Punkt zu kommen, wo der Geist leer ist. Leer von einem klebrigen Haften an Dingen. Das bedeutet nicht, dass es gar nichts mehr auf der Welt gäbe – weder Menschen noch Objekte. Es gibt den leeren Geist, es gibt Menschen und Dinge. Doch im Geist ruht die Erkenntnis von all dem als das Wahre, als etwas Unsicheres. Die Dinge werden so gesehen, wie sie sind. Ihrem elementaren Wesen entsprechend folgen sie ihrem natürlichen Verlauf des Entstehens und Vergehens.

Du besitzt zum Beispiel eine Vase. Du hast das Gefühl, sie sei schön, doch sie selbst existiert auf eine völlig indifferente Weise. Sie hat nichts zu sagen; nur du bist es, der Gefühle für sie hegt, der für sie leben oder sterben würde. Egal, ob du sie magst oder hasst, das berührt sie nicht. Das ist deine Angelegenheit. Sie ist indifferent, doch du hast diese Gefühle des Gefallens oder Missfallens und beginnst ihnen anzuhaften. Wir beurteilen verschiedene Dinge als gut oder schlecht. „Gut" beunruhigt unser Herz, „schlecht" beunruhigt unser Herz. Beides sind Befleckungen.

Wir müssen nicht davor wegrennen; wir müssen diesen Punkt lediglich beachten und untersuchen. So ist der Geist eben. Wenn wir etwas nicht mögen, wird das Objekt unseres Missfallens davon nicht berührt; es bleibt so, wie es ist. Wenn wir etwas mögen, wird es von unserer Zuneigung nicht berührt, sondern es bleibt genauso, wie es ist. Wir machen uns nur verrückt, das ist alles.

Du glaubst, einige Dinge seien gut, während du andere Dinge großartig finest, doch das sind lediglich deine eigenen Vorstellungen und Projektionen. Wenn du dir deiner selbst gewahr bist, wirst du erkennen, dass all diese Dinge gleichwertig sind.

Das lässt sich leicht am Essen veranschaulichen. Wir empfinden diese oder jene Art von Speisen als ansprechend. Wenn wir die Speisen auf dem Tisch sehen, erscheinen sie uns attraktiv. Dies ändert sich, sobald dann alles im Magen verschwunden ist. Doch wir schauen auf die verschiedenen Gerichte und sagen: „Dieses ist für mich. Das ist für dich. Jenes ist für sie." Wenn alles verzehrt worden ist und dann am anderen Ende wieder herauskommt, wird es wohl niemand für sich beanspruchen wollen und sagen: „Dies ist meines. Das ist deins." Nicht wahr? Oder wirst du dann immer noch gierig und besitzergreifend sein?

So lässt sich das kurz und knapp auf den Punkt bringen. Wenn du klar siehst und du dich entscheidest, dann wird dir alles gleichwertig vorkommen. Wenn wir Begierde empfinden und in Begriffen wie „meins" und „deins" denken, geraten wir in einen Konflikt. Betrachten wir hingegen die Dinge als gleichwertig, dann sehen wir sie nicht als jemandes Besitz an – es handelt sich lediglich um Zustände, die so existieren, wie sie sind. Egal, wie gut die Speisen sind, die wir zu uns nehmen, sobald sie wieder ausgeschieden sind, wird niemand sie aufheben und eine große Sache daraus machen wollen. Niemand wird sich darum streiten.

Wenn wir diese Dinge und ihre gemeinsame Beschaffenheit als den einen Dharma erkennen, lassen wir los und geben die Dinge frei. Wir verstehen sie als leer und empfinden weder Liebe noch Hass für sie; wir sind im Frieden. Es heißt: „Nibbāna ist das höchste Glück; Nibbāna ist die höchste Leerheit."

Nimm das bitte sorgfältig zur Kenntnis. Weltliches Glück ist nicht das höchste, vollendete Glück. Was wir unter Leerheit verstehen, ist nicht die höchste Leerheit. Wenn es sich um die höchste Leerheit handelt, bedeutet sie das Ende des Ergreifens und Anhaftens. Wenn es das höchste Glück ist, ist Frieden da. Doch der Frieden, den wir kennen, ist noch nicht der höchste. Das Glück, welches wir kennen, ist noch nicht das höchste. Erst wenn wir Nibbāna erreichen, sind Leerheit und Glück auf dem höchsten Level. Dann findet eine Transformation statt. Das Wesen des Glücks verwandelt sich in Frieden. Es gibt nach wie vor Glück, doch wir messen ihm keine spezielle Bedeutung zu. Auch Leiden ist noch vorhanden. Treten sie in Erscheinung, betrachten wir sie als gleichgestellt, als gleich-wertig.

Die sinnlichen Erfahrungen des Mögens oder Nicht-Mögens sind gleichwertig. Doch wenn sie uns betreffen, betrachten wir sie nicht länger als gleichwertig. Wenn uns etwas gefällt, sind wir wirklich glücklich darüber. Wenn uns etwas missfällt, wollen wir es vernichten. Somit sind sie für uns nicht dasselbe, obwohl sie tatsächlich gleichwertig sind. Üben wir also uns darin, sie im Hinblick auf ihre Unbeständigkeit und Vergänglichkeit als gleichwertig zu betrachten.

Es ist wie bei dem Beispiel mit dem Essen. Wir sagen, diese Art von Speise sei lecker, jenes Gericht sei großartig, wieder ein anderes sei wunderbar. Doch wenn sie in unserem Körper landen und dann ausgeschieden werden, sieht alles gleich aus. Dann hört man niemanden ausrufen: „Weshalb habe ich nur so wenig bekommen?" An diesem Punkt lässt sich unser Geist nicht mehr mitreißen.

Wenn wir nicht die Wahrheit der Vergänglichkeit, der Unzulänglichkeit und des Nicht-Selbst erfahren, dann nimmt das Leiden kein Ende. Sind wir jedoch aufmerksam, können wir sie in jedem Augenblick sehen. Sie ist in Geist und Körper gegenwärtig, und wir können sie sehen. Auf diese Weise finden wir Frieden.

7

Das ist auch gut – Ajahn Chahs Sichtweise

ALS DIE ERSTEN WESTLER ins Kloster Wat Pah Pong kamen, fungierte der amerikanische Mönch Bhikkhu Sumedho als ihr Ratgeber und Dolmetscher. Doch nach ein paar Jahren reiste Sumedho nach Indien ab. Ein junger amerikanischer Mönch, der erst seit zwei Jahren in der Ausbildung unter Ajahn Chah stand, übernahm den Dolmetscherjob. Eines Tages kamen Mormonen der amerikanischen Luftwaffenbasis in Ubon vorbei und baten darum, dass jemand in ihrer Kapelle einen Vortrag über den Buddhismus halten solle. Diese Aufgabe fiel dem jungen Dolmetscher zu.

An dem Nachmittag, an dem der Vortrag stattfinden sollte, ermunterte Ajahn Chah – der zwar mitkommen, aber aus unerfindlichen Gründen nicht sprechen wollte – den Mönch mit der Frage: „Hast du schon einmal vom ‚Arzt für den Notfall' gehört?" Der Mönch verneinte.

Ajahn Chah fuhr fort: „Es gibt den richtigen Arzt und den Arzt für den Notfall. Der richtige Arzt hat Medizin studiert und weiß genau, was ein Arzt zu tun hat. Wenn kein solcher Arzt zugegen ist, wie hier in unserem Dorf, muss jemand für ihn einspringen. Der kann dann eine Spritze geben, eine Wunde reinigen oder Tabletten verabreichen – mehr aber auch nicht. Das ist der Arzt für den Notfall."

Also machte der Mönch das Beste aus seinem Vortrag, und die Mönche, die ihn begleiteten, unterstützten ihn und halfen bei der Beantwortung von Fragen. Nachdem er abends ins Kloster zurückgekehrt war und Geh-Meditation praktizierte, gingen ihm ständig noch die Worte seines Vortrages durch den Kopf. Am nächsten Tag berichtete er Ajahn Chah: „Mein Vortrag ging noch die ganze Nacht lang weiter!"

Ajahn Chah lachte und entgegnete: „Nun, das ist auch gut [eine seiner bevorzugten Redewendungen]. Das zeigt dir Vergänglichkeit, Unzulänglichkeit und Nicht-Selbst."

8

Die Inspiration des Buddha

Es gibt Dunkelheit und es gibt das Licht; es gibt sowohl heiß als auch kalt; es gibt Geburt und Tod, und es muss einen Zustand jenseits von Geburt und Tod geben. Diese Überlegungen und Schlussfolgerungen gingen dem Buddha vor seinem Erwachen durch den Kopf. Er wollte nicht so viel Wissen wie möglich ansammeln, sondern zog eben nur dies in Betracht. Indem er nur dies im Blick behielt, praktizierte er mit echtem Enthusiasmus. Er nahm keine Abkürzungen.

Der Buddha übte eifrig, ohne sich beirren zu lassen, denn in seinem Geist war die Gewissheit, dass es Helligkeit geben muss, wo es Dunkelheit gibt. Wenn es Vergnügen und Glück gibt, so muss es auch Schmerz und Leiden geben. Es gibt Hitze, also muss es auch Kühle geben, die Erleichterung verschafft. Es gibt Geburt, also muss es sicherlich auch Nicht-Geburt geben, um sie zu heilen. Davon war er überzeugt. Niemand hatte ihm das gesagt. Es war sein Geistes- und Gemütszustand, welcher aus seiner bereits erreichten spirituellen Vervollkommnung hervorgegangen war.

Mit dieser Anschauung verließ er sein Zuhause und praktizierte sechs Jahre lang. Er war unbeirrt und ließ in seinen Anstrengungen nicht nach. Müdigkeit und Entbehrungen schreckten ihn nicht ab. Er wollte zum Ursprung zurückkehren: „Woher kommen die Dinge? Wodurch entsteht Leiden?" Er fuhr fort, ohne Unterlass zu forschen, bis er erkannte, dass es durch Geburt entsteht. Wir leiden, weil wir geboren werden.

Woher kommt Geburt? Sie kommt vom Anhaften. Er richtete seine Aufmerksamkeit ausschließlich auf das ergreifende Anhaften. Darauf folgen Geburt, Altern, Krankheit, Tod, Leiden, Kummer, Verzweiflung, Trauer und Wehklagen. Dies ist der Kreislauf.

Da ist Geburt, und Geburt ist die Ursache für die verschiedenen Formen des Leidens, die dann entstehen. Wenn es also Geburt gibt, gibt es dann auch einen Ort der Nicht-Geburt? Er untersuchte dies weiter und kam zu dem Schluss, dass es wirklich so sein musste: Es gibt Hitze, und es gibt Kälte; es gibt Glück und es gibt Leiden. Da Glück und Leiden existieren, muss es auch einen Bereich jenseits von Glück und Leiden geben. Es gibt den Bereich von Geburt und Tod, also muss zweifelsohne auch das Geburtlose und Todlose existieren. Zu dieser Überzeugung gelangte er und war entschlossen, das Todlose zu verwirklichen. Schließlich bemerkte er, dass der Pfad eines erwachten Wesens, eines *Ariya*, aus der Erkenntnis besteht, dass es Leiden gibt, dass es eine Ursache für das Leiden gibt, dass es ein Ende des Leidens und einen Pfad zur Beendigung des Leidens gibt. Es ist nicht nötig, viel zu wissen, nur dieses Wissen allein genügt. Das ist der Pfad, der Weg, dem wir alle folgen sollten. Ein Übender braucht nicht nach weiterem Wissen Ausschau zu halten.

9

Eine Frage der Perspektive

EINES TAGES KAM EIN SCHWEINEMÄSTER zu Besuch, um mit mir zu sprechen. Er beklagte sich über seine Geschäfte: „Oh je, dieses Jahr ist mir alles zu viel. Die Futterpreise steigen, die Schweinepreise fallen. Ich verliere mein letztes Hemd!"

Ich hörte seinem Jammern zu und sagte dann: „Haben Sie bitte nicht so großes Selbstmitleid, mein Herr! Wenn Sie ein Schwein wären, hätten Sie allen Grund, sich selbst zu bemitleiden. Wenn die Preise für Schweinefleisch hoch sind, werden die Schweine geschlachtet. Sind die Preise tief, werden sie ebenfalls geschlachtet. Es sind die Schweine, die wirklich gute Gründe haben sich zu beklagen. Auf die Menschen trifft das nicht zu. Überlegen Sie sich das bitte ernsthaft!"

Er machte sich nur Sorgen wegen der Preise, die er erzielte. Die Schweine haben Anlass zu viel größerer Sorge, doch das kümmert uns nicht. Wir werden ja nicht getötet, daher können wir immer noch einen Weg finden, um über die Runden zu kommen.

10

Die Suche des Buddha

ALS SICH DER BUDDHA auf die Suche nach Befreiung machte, wandte er sich an die berühmtesten Lehrer seiner Zeit. Zuerst ging er zu dem Einsiedler Alara. Er sah diesen mit seinen Schülern in Samādhi, meditativer Sammlung, sitzen und dachte, dies könne auch ihm inneren Frieden bringen. Er beobachtete, wie sie mit überkreuzten Beinen dasaßen, mit aufgerichtetem Körper und geschlossenen Augen. Er hatte so etwas noch nie gesehen und war sehr beeindruckt. Er bat darum, bleiben zu dürfen und erlernte und übte fleißig die Atemmeditation. Doch schließlich musste er eine wichtige Tatsache erkennen, nämlich, dass dies kein Ausweg aus dem Leiden war. Warum nicht? Weil er beobachtete, dass der Geist nach dem Austritt aus dem Zustand des Samādhi von neuem zu denken und umherzuschweifen begann. Er erkannte, dass da immer noch etwas übrigblieb, das hier und dort neue Dinge erschafft. Er erkannte also, dass es noch mehr zu tun gab. Nachdem er einige Zeit bei diesem Lehrer verbracht hatte, setzte er seine Suche an anderer Stelle fort. Ja, es war zwar eine Art Pfad, doch er führte nicht vom Leiden weg, denn der Geist bewahrte sich seine habgierigen Anhaftungen.

Also ging er weiter und traf auf seinen nächsten Lehrer, Uddaka, und praktizierte die acht meditativen Vertiefungen, wobei er das „Nichtsheitgebiet" erreichte, einen äußerst subtilen Geisteszustand. Obwohl er in diesem friedvollen Samādhi lange Zeit verweilen konnte, musste er wiederum feststellen, dass dies nicht der rechte Pfad war. Denn immer wenn er aus dem Samādhi heraustrat und in seinen normalen Zustand zurückkehrte, fiel der Geist in seine alten Gewohnheiten zurück und trug weiter seine altgewohnten Lasten.

Das war immer noch die Ebene von Samādhi und entsprach dem Wesen des Samādhi. Egal, wie weit sich der Geist verfeinerte, so bedeutete diese Verfeinerung auch immer das Vorhandensein des Groben. So kam er hier zu der Einsicht: Man konnte zwar extrem verfeinerte und subtile Vertiefungszustände erreichen, doch das Ergötzen an dieser Verfeinerung ermöglichte das Zustandekommen des Groben.

Der Buddha schaute tiefer und sah: Solange das Subtile bleibt, kann es keinen Überwinder (*jināsava*; wörtlich: Der die Auflösung der Befleckungen verwirklicht hat) geben. Es kann kein Ende der Dinge geben. Wenn es Geburt gibt, gibt es auch Krankheit, Altern und Tod ohne Ende. Und er sah, dass das Ergreifen und Anhaften die Ursache davon ist. Um ganz klar zu sehen, untersuchte er solange, bis er sich enttäuscht abwandte. Er erkannte, dass er mit diesen Dingen zahllose Leben lang in den verschiedensten Zuständen gespielt hatte und sich folglich noch immer in diesem Zustand der Unzufriedenheit befand. Der Versuch, zu einem Ende zu gelangen, genug zu haben, konnte nie erfolgreich sein. Selbst wenn er allen Reichtum und Genuss der Welt erlangte, würde er immer noch leiden. Dessen war er sich nun gewiss. Er sah in seinem Geist Vergänglichkeit, Leiden und die Abwesenheit eines Selbst. Er sah, dass alle Phänomene erscheinen und dann wieder vergehen.

Als er nun seine Praxis fortsetzte, wurde er sich dessen immer sicherer. Er erreichte die acht *Jhānas*, die meditativen Vertiefungen, aber Weisheit war immer noch nicht entstanden. Wenn es Weisheit wäre, müsste es ein Zustand der Einsicht (*vipassanā*) sein, ein Sehen, wie die Dinge wirklich sind und ein Loslassen alles Groben und Feinen.

Was sollte er tun, um an den Ort zu gelangen, wo es weder das Grobe noch das Feine gab? Wie sollte er praktizieren? Er untersuchte weiter. Er betrachtete alle Geistesobjekte, alle den Geist berührenden Phänomene und sah, dass sie allesamt vergänglich (*anicca*), leidvoll (*dukkha*) und Nicht-Selbst (*anattā*) waren – jene drei Merkmale unserer Existenz. Das ist das Meditationsobjekt von Vipassanā. Es befähigt den Geist zur Sicht der Dinge, wie sie wirklich sind.

Als er dies erkannt hatte, ging er den Phänomenen nicht mehr nach, wenn sie erschienen. Er blieb unerschütterlich, indem er die Dinge auf diese Weise betrachtete. Diese drei Merkmale erkannte er als den Weg von Vipassanā, und wenn etwas seinen Geist berührte, betrachtete er es dementsprechend. Er sah die Dinge, wie sie waren, er hielt sie nicht fest, und diese Form der Praxis führte zum Ende jeglichen Ergreifens.

Teil Zwei :

ANICCA – Vergänglichkeit

II

Den Geist unter unsere Führung bringen

Egal, welche Geisteszustände auftreten – ob glückliche oder unglückliche – spielt keine Rolle, wir sollten uns stets daran erinnern: „Dies ist unsicher."

Es ist etwas, was die Leute kaum in Betracht ziehen, nämlich, dass „dies ungewiss ist." Dabei ist dies der entscheidende Faktor für das Entstehen von Weisheit. Um unser rastloses Kommen und Gehen zu beenden und Ruhe zu finden, müssen wir uns nur sagen: „Dies ist ungewiss." Bei manchen Gelegenheiten mögen wir so verzweifelt sein, dass uns die Tränen kommen: auch das ist etwas Ungewisses. Wenn Stimmungen wie Begierde oder Abneigung über uns kommen, sollten wir uns einfach an diese eine Sache erinnern. Ob wir stehen, gehen, sitzen oder liegen, was immer erscheint, ist unsicher. Kannst du das nicht? Halte es aufrecht, was immer auch passiert. Es ist einen Versuch wert! Es braucht nicht viel – das allein wird funktionieren. Es lässt Weisheit entstehen.

Meine Art des Meditierens ist nicht sehr kompliziert – einfach nur das. Darauf kommt es an: „Es ist nicht gewiss." Alles kommt an diesem Punkt zusammen.

Es ist nicht nötig, mit all den verschiedenen Vorgängen geistiger Erfahrung Schritt zu halten. Wenn du Sitzmeditation praktizierst, mögen verschiedene Geisteszustände erscheinen, du siehst und erkennst alle möglichen Dinge, erfährst die verschiedensten Zustände. Geh ihnen nicht nach, lass dich nicht von ihnen einwickeln. Du musst dich bloß daran erinnern, dass sie unsicher sind. Das genügt. Es ist einfach und leicht zu bewerkstelligen. Dann kannst du innehalten. Dann wird die Erkenntnis kommen, aber mach kein großes Aufheben darum und hafte nicht daran an.

Ein solches Verständnis der Dinge ist zu jeder Zeit präsent und relevant. Die Vergänglichkeit herrscht zu jeder Zeit. Darüber solltest du meditieren.

Die Vergänglichkeit wird in den wahren und zutreffenden Worten weiser Menschen immer Erwähnung finden. Wenn Vergänglichkeit nicht erwähnt wird, handelt es sich nicht um den Vortrag eines Weisen. Das ist dann nicht die Rede eines Erleuchteten; man bezeichnet dies vielmehr als Rede, welche die Wahrheit der Existenz nicht akzeptiert.

Ich glaube, sobald wir rechtes Wissen erlangt haben, gewinnen wir die Herrschaft über unseren Geist. Worum geht es bei dieser Art der Führung? Die Führung liegt bei *anicca*, dem Wissen, dass alles vergänglich ist. Wenn wir klar sehen, endet alles hier und wird zur Ursache für unser Loslassen. Dann lassen wir die Dinge so, wie sie von Natur aus sind. Wenn nichts geschieht, verweilen wir in Gleichmut, und wenn sich etwas ereignet, kontemplieren wir: Verursacht es uns Leiden? Halten wir daran fest, haften wir daran an? Ist überhaupt irgendetwas vorhanden? Dies unterstützt und trägt unsere Praxis. Wenn wir mit unserer Praxis diesen Punkt erreichen, so denke ich, wird jeder von uns echten Frieden verwirklichen. Wenn wir zu dieser Wahrheitserkenntnis kommen, werden wir zu unkomplizierten, genügsamen Menschen, die mit dem zufrieden sind, was sie haben, die umgänglich in der Konversation und bescheiden in ihren Handlungen sind. Wir werden ohne Schwierigkeiten und Probleme in Frieden leben. Jemand, der meditiert und einen stillen Geist verwirklicht, wird so sein.

12

Ein Haufen Befleckungen – Der spielerische Ajahn Chah

Ajahn Chah sprach des Öfteren von Ungewissheit und stellte auch sicher, dass das Leben in seinen Klöstern diese existenzielle Wahrheit widerspiegelte. Die Schüler lernten, ohne Anhaftung an Routine, Erwartungen, Besitz und sogar an ihn selbst zu leben.

In späteren Jahren, als sich Ajahn Chahs Tempo etwas verlangsamte, ging er während der Almosenrunde meist in das Dorf, das dem Kloster am nächsten lag. Sobald die Reihe der Mönche das Ende des Dorfes erreicht hatte und die letzten Spender ihren Reis gegeben hatten, nahm ihm normalerweise ein Novize oder ein jüngerer Mönch die Last seiner vollen Almosenschale ab. Die meisten aus seiner Gefolgschaft gingen dann voraus und senkten als Zeichen der Verehrung leicht den Kopf und legten die Hände zusammen, wenn sie an ihm vorbeigingen. Des Öfteren wurde er von einem der älteren Mönche begleitet, aber gelegentlich ging er auch allein. Manchmal, wenn man sich duckte und an ihm vorbeigehen wollte, rief er einen beim Namen, und dann ging man im Gleichschritt hinter ihm her.

An einem solchen Morgen befragte er mich über die Äbte der Zweigklöster, die ich bei Besuchen kennengelernt hatte. Wir kamen auf Ajahn Sinuan zu sprechen, einen älteren Schüler, der seinerzeit einer von Ajahn Chahs Lieblings-Prügelknaben gewesen war und nun als Abt einem eigenen Kloster vorstand. Ich sagte, ich hätte den Eindruck gewonnen, dass Ajahn Sinuan etwas nachlässig geworden sei und gern faulenze, trotz seiner Beteuerungen, fleißig zu praktizieren.

„Richtig“, sagte Ajahn Chah, „genau wie ich ... Ich habe einen Haufen Befleckungen: Ich liebe es herumzualbern.“

Obschon ich merkte, dass er mich auf den Arm nahm, war ich über solche Worte erschrocken und wusste darauf keine Antwort. Ajahn Chah ging weiter, wandte mir dann seinen Kopf zu, senkte seine Stimme, und sagte in gespielter Vertraulichkeit zu mir: „Hör zu! Ich habe vor, die Robe abzulegen, und ich möchte, dass du mir hilfst, eine hübsche Frau zu finden.“

13

Es ist nicht beständig, es ist nicht sicher

Wir fokussieren uns auf den Hier-und-Jetzt-Dharma. Hier können wir die Dinge loslassen und die Lösung für unsere Schwierigkeiten finden. Und zwar jetzt, in der Gegenwart, denn der gegenwärtige Moment enthält beides: sowohl die Ursache als auch die Folge. Die Gegenwart ist die Frucht der Vergangenheit. Sie ist ebenso die Ursache für die Zukunft. Dass wir genau jetzt hier sitzen, ist die Folge dessen, was wir in der Vergangenheit getan haben. Und was wir jetzt tun, wird die Ursache für das sein, was wir in der Zukunft erfahren werden. Deshalb lehrte der Buddha, man solle die Vergangenheit und die Zukunft verwerfen. Wenn wir „verwerfen" sagen, bedeutet das nicht, etwas wegzuwerfen, sondern dass wir in diesem einen Punkt der Gegenwart bleiben, in dem Vergangenheit und Zukunft zusammenkommen. Der Begriff „verwerfen" ist also nicht wörtlich zu nehmen; vielmehr wollen wir uns der Gegenwart gewahr sein, in der Ursachen und Wirkungen zu finden sind. Wir schauen auf die Gegenwart und sehen unaufhörliches Entstehen und Vergehen, Entstehen und Vergehen.

Ich wiederhole dies ständig, aber die Leute nehmen es sich nicht wirklich zu Herzen: Phänomene erscheinen im gegenwärtigen Moment und sie sind weder dauerhaft noch verlässlich. Die Leute beschäftigen sich nicht genauer damit. Zu allem, was erscheint, sage ich: „Oh, das ist nicht beständig", oder „dies ist ungewiss". Das ist äußerst simpel. Was immer geschieht, ist vergänglich und unsicher. Doch wenn wir das nicht sehen oder verstehen, werden wir verwirrt und bekümmert. Dann sehen wir im Vergänglichen Beständigkeit und im Ungewissen Gewissheit. Trotz meiner Erklärungen begreifen die Leute das nicht und leben ihr Leben, indem sie endlos den Dingen nachlaufen.

In der Tat, wenn du den Punkt des Friedens erreichst, wirst du genau hier an diesem Ort sein, über den ich spreche, an diesem Punkt in der Gegenwart. In welcher Form Glück oder Leid auch in Erscheinung treten, du wirst sehen, dass sie nicht verlässlich sind. Genau diese Ungewissheit macht den Buddha aus, weil Ungewissheit der Dharma ist, und der Dharma der

Buddha ist. Doch die meisten Menschen glauben, dass sich Buddha und Dharma außerhalb von ihnen befinden.

Wenn der Geist zu erkennen beginnt, dass ausnahmslos alle Dinge ihrem Wesen nach unzuverlässig sind, verringern sich die Probleme des Ergreifens und Anhaftens und verkümmern schließlich. Verstehen wir das, beginnt der Geist loszulassen und sich von den Dingen abzuwenden. Wenn nichts mehr ergriffen wird, findet die Anhaftung ein Ende. Wenn sie endet, sollte man zum Dharma gelangen; es gibt nichts jenseits davon.

Wenn wir meditieren, wollen wir eben dies verwirklichen. Wir wollen die Vergänglichkeit, die Unzulänglichkeit und das Nicht-Selbst sehen. Und dies beginnt, wenn die Ungewissheit gesehen wird. Wenn wir sie deutlich vor Augen haben, können wir loslassen. Sind wir glücklich, sehen wir, dass dies „nicht verlässlich" ist. Wenn wir Leid erfahren, sehen wir, dass dies „nicht verlässlich" ist. Der Gedanke, „es wäre gut, irgendwohin zu gehen" taucht auf, und wir bemerken, dass dies „nicht verlässlich" ist. Wir meinen, es wäre gut, dort zu bleiben, wo wir sind, und wir begreifen, dass auch dies „nicht verlässlich" ist. Wir sehen, dass absolut alles unzuverlässig ist und werden fortan in Frieden leben. Dann können wir bleiben, wo wir sind, und fühlen uns wohl, oder wir können an einen anderen Ort gehen und fühlen uns ebenfalls wohl.

Auf diese Weise werden die Zweifel enden. Durch dieses Praktizieren in der Gegenwart finden sie ein Ende. Man braucht im Hinblick auf die Vergangenheit nicht ängstlich zu sein, denn sie ist vorbei. Was immer sich in der Vergangenheit ereignet hat, ist in der Vergangenheit entstanden und vergangen und jetzt vorbei. Wir können die Besorgnis über die Zukunft loslassen, denn was immer in der Zukunft geschehen wird, wird in der Zukunft entstehen und vergehen.

Wenn die Laienunterstützer kommen, um Gaben darzubringen, rezitieren sie: „Und am Ende mögen wir schließlich in der Zukunft Nibbāna erreichen." Wann oder wo dies sein wird, wissen sie nicht. Es ist so unglaublich weit entfernt. Sie sagen nicht: „Hier und jetzt". Sie sagen: „Irgendwann in der Zukunft". Es ist immer irgendwo, irgendwann „dort". Nicht „hier", nur „dort". Im nächsten Leben wird es ebenfalls „dort" sein, und in darauffolgenden Leben wird es wieder „dort" sein. Folglich kommen sie nie an, denn es befindet sich immer „dort".

Es ist, als würden die Menschen einen alten Mönch zum Empfang der Almosenspeise in ein Dorf einladen und dann zu ihm sagen: „Ehrwürdiger, gehen Sie bitte im Nachbardorf auf Almosenrunde." Wenn er dann in ein weit entferntes Dorf gewandert ist, sagen sie: „Ehrwürdiger, empfangen Sie doch bitte Ihre Almosenspeise dort drüben." Er zieht von neuem los, doch wo immer er hinkommt, sagen sie zu ihm: „Bitte, empfangen Sie Ihre Almosenspeise dort drüben." Der arme alte Kerl wird nie auch nur ein Häppchen bekommen. Er geht einfach immer weiter hierhin und dorthin, und es kommt nichts dabei heraus.

Wir neigen dazu, uns genau so zu verhalten. Wir sagen nie „hier und jetzt." Warum eigentlich nicht? Stimmt etwas nicht mit der Gegenwart? Es ist so, weil wir immer noch mit den Dingen verwickelt sind. Wir finden nach wie vor Vergnügen am Weltlichen und denken gar nicht daran, es aufzugeben. Also ziehen wir es vor, es irgendwann in der Zukunft geschehen zu lassen. Genau wie jemand, der den alten Mönch mit der Aussicht auf eine Essensgabe lockte: „Bitte, mein Herr, reisen Sie dorthin für Ihre Almosenspeise." Also macht er sich weiter auf die Suche nach dem Ort „dort drüben", um die Speise zu finden, die ihn am Leben erhalten soll. Doch weil es nie ein „hier" gibt, erhält er keine Nahrung.

Lasst uns über die Gegenwart, über das Hier und Jetzt sprechen. Wir können wirklich in der Gegenwart praktizieren und müssen dafür nicht in die Zukunft schauen. Anstatt uns über irgendetwas Sorgen zu machen, achten wir einfach auf den *Hier-und-Jetzt-Dharma* und sehen Ungewissheit und Vergänglichkeit. Dann erscheint der Buddha-Geist – derjenige, der weiß. Er entwickelt sich durch die Erkenntnis, dass alle Dinge vergänglich sind.

Dies ist der Ort, wo Erkenntnis gewonnen wird. Hier kann Samādhi (Sammlung) entfaltet werden. Es gibt den Frieden eines Lebens im Wald: Es herrscht Stille, wenn das Auge nicht sieht und das Ohr nicht hört. Der Geist ist befriedet, wenn er nicht mehr sehen oder hören muss. Aber er hat keine Ruhe vor den Befleckungen. Die Befleckungen sind immer noch da, auch wenn sie zu diesem Zeitpunkt nicht an die Oberfläche kommen. Es ist wie bei Sedimenten, die sich in Wasser abgelagert haben: Lässt man das Wasser in Ruhe, ist es klar, aber wenn man es umrührt, kommt der Schmutz nach oben und es trübt sich. Du verhältst dich in deiner Praxis genauso: Wenn du Formen siehst, Geräusche hörst, unliebsame Erfahrungen machst oder unangenehme körperliche Empfindungen hast, bist du beunruhigt. Ohne solche Erscheinungen fühlst du dich wohl; du fühlst dich mit deinen Beflekkungen wohl.

Vielleicht möchtest du etwas haben, zum Beispiel eine Kamera. Wenn du dann eine bekommst, bist du glücklich. Du wirst nicht eher zufrieden, als bis du sie bekommst, und wenn du sie dann endlich hast, liegt darin eine gewisse Befriedigung. Wird sie dir dann aber gestohlen, wirst du verärgert sein. Dein Glück ist verschwunden. Ehe du also bekommst, was du haben möchtest, ist Unzufriedenheit da; wenn du es dann hast, empfindest du Glücksgefühle; und wenn es wieder weg ist, ist auch die Unzufriedenheit wieder da.

Die geistige Sammlung, die daher rührt, dass man in einer friedvollen Umgebung lebt, hat diese Beschaffenheit. Es gibt ein Glück, das vom Gefallen an einem ruhigen Zustand herrührt. Doch dieses Glück ist begrenzt, denn der Geist steht unter dem Einfluss der Begierde nach etwas sehr Veränderlichem. Nach einer Weile ist es vorbei und Unzufriedenheit nimmt seinen Platz ein – genauso, als würde ein Dieb deine Kamera stehlen. Dies ist der Friede des Samādhi, der vorübergehende Frieden der Ruhemeditation.

Wir müssen uns damit noch etwas tiefer befassen. Was immer wir besitzen, wird bei einem Verlust desselben zu einer Quelle des Leidens werden, wenn wir uns seiner Vergänglichkeit nicht bewusst sind. Sind wir uns ihrer bewusst, dann können wir die Dinge benutzen, ohne von ihnen belastet zu werden.

Vielleicht möchtest du Geschäfte machen und benötigst dazu ein Darlehen von der Bank. Wenn du es trotz intensiver Bemühungen nicht bekommst, wird dich das schmerzen. Schließlich stimmt die Bank zu, dir das Geld zu leihen, und du freust dich sehr. Deine Freude wird nicht allzu lange anhalten – doch die Zinsen werden sich allmählich anhäufen. Mit der Zeit wird das zu deiner Sorge: Was immer du auch tust, sogar wenn du nur im Sessel sitzt, sie werden dir Zinsen berechnen. Folglich leidest du unter Stress. Anfangs war Leiden da, weil du kein Darlehen finden konntest. Als du eines erhalten hattest, schien es, als wäre alles geregelt und in Ordnung. Doch dann musstest du über die Zinsen für das Darlehen nachdenken, und schon kam das Leiden wieder zurück.

Deshalb lehrte der Buddha, in die Gegenwart zu schauen und die Vergänglichkeit von Körper und Geist sowie aller entstehenden und vergehenden Phänomene zu sehen, ohne ihnen anzuhaften. Wenn uns dies gelingt, werden wir Frieden erfahren. Dieser Frieden entsteht durch das Loslassen; Loslassen entsteht durch Weisheit, jener Weisheit, die aufgrund der Kontemplation der Vergänglichkeit, des Leidens und des Nicht-Selbst entsteht, ebenso wie durch die Wahrheit der Erfahrung und die Bestätigung dieser Wahrheit im eigenen Geist.

Wenn wir auf diese Weise praktizieren, dann sehen wir immer wieder klar bewusst in unserem eigenen Geist wie Phänomene entstehen und vergehen. Beim Vergehen gibt es neues Entstehen; beim Entstehen gibt es Vergehen. Wenn wir gegenüber dem was entsteht Anhaftung aufbauen, dann entsteht auf der Stelle Leiden. Sobald wir loslassen, wird kein Leiden mehr stattfinden. Wir sehen das in unserem eigenen Geist.

Wir können echte Gewissheit über den Dharma gewinnen, wenn wir auf diese Weise meditieren und dann an einen Punkt kommen, wo alles, was wir zu tun haben, darin besteht, unseren Geist in der Gegenwart zu beobachten. Wir lassen die Vergangenheit und die Zukunft los, schauen in die Gegenwart und sehen kontinuierlich und in allem und jedem die drei Daseinsmerkmale. Wenn du gehst, ist Vergänglichkeit da. Wenn du stehst, ist Vergänglichkeit da. Wenn du sitzt, ist Vergänglichkeit da. Das ist die den Dingen innewohnende Wahrheit. Suchst du Verlässlichkeit oder Beständigkeit, dann wirst du sie du sie nur in Dingen finden, die sich nicht verändern. Wenn deine Anschauung auf diese Weise heranreift, erfährst du Frieden.

Oder denkst du etwa, dass du Frieden erlangen wirst, indem du auf einem einsamen Berggipfel meditierst? Für eine gewisse Weile magst du vielleicht Frieden haben. Doch wenn dich die Entbehrungen des Lebens dort oben einholen, wirst du dich hungrig und erschöpft fühlen. Also kommst du wieder herunter vom Berg und begibst dich in die Stadt. Dort gibt es reichlich gutes Essen und andere Annehmlichkeiten. Doch dann fängst du an darüber nachzudenken, dass dies deine Praxis stört und es besser sei, irgendwo in Abgeschiedenheit zu leben.

Tatsächlich ist jemand töricht, der leidet, wenn er allein lebt. Jemand, der leidet, wenn er mit anderen zusammenlebt, ist ebenfalls töricht. Es ist wie mit Hühnerscheiße: Wenn man sie allein mit sich herumträgt, stinkt sie. Wenn man sie dabeihat, während man sich in Begleitung anderer Menschen befindet, stinkt sie ebenfalls. Man trägt das scheußliche Zeug mit sich herum.

Wenn wir klug sind, dann können wir inmitten vieler Menschen leben und das Gefühl haben, es sei keine friedvolle Umgebung. Das mag zu einem gewissen Grad zutreffen, aber es kann trotzdem eine Ursache für die Entstehung von Weisheit sein. Ich habe einiges an Weisheit dadurch entwickelt, dass ich viele Schüler hatte. Laien kamen in Scharen, viele Mönche wollten meine Schüler sein, und alle hatten ihre eigenen Sichtweisen und Charaktere. Ich machte viele verschiedene Erfahrungen und musste mich der Situation gewachsen zeigen. Meine Geduld und meine Beharrlichkeit wurden gestärkt. Bis zu dem Umfang, in dem ich es ertragen konnte, war ich in der Lage, meine Praxis beizubehalten. Dann wurden alle meine Erfahrungen bedeutsam. Doch wenn wir kein rechtes Verständnis haben, gibt es auch keine Lösung. Allein zu leben wird solange gut sein, bis wir es satthaben. Dann denken wir, es sei besser in einer Gruppe zu leben. Einfaches Essen mag uns gut erscheinen, und dann vielleicht scheint uns, dass viel zu essen der rechte Weg sei. So geht es immer weiter, wenn wir uns nicht ein für alle Mal entschließen können.

Wenn wir sehen, dass alles unzuverlässig ist, nehmen wir alle Situationen des Mangels oder der Fülle als ungewiss wahr und haften nicht an ihnen. Wir richten unsere Aufmerksamkeit auf den gegenwärtigen Moment, wo immer wir uns gerade befinden. Dann ist es in Ordnung, vor Ort zu bleiben. Auch Reisen ist in Ordnung. Alles wird dann in Ordnung sein, weil wir auf die Praxis ausgerichtet sind, die Dinge so zu erkennen, wie sie wirklich sind.

Die Leute sagen: „Ajahn Chah spricht nur über *nicht gewiss*." Sie haben es satt, dies zu hören, und ergreifen die Flucht. „Wir sind gekommen, um Ajahn Chahs Belehrungen zu hören, doch er spricht immer nur von *nicht gewiss*." Sie halten es nicht mehr aus, immer nur dasselbe zu hören, und deshalb gehen sie weg. Ich vermute, sie halten nach einem Platz Ausschau, wo die Dinge gewiss sein werden. Aber sie werden zurückkommen.

14

Eine Fischgeschichte

Nach meiner Aufnahme in den Orden des Buddha begann ich zu praktizieren und zu studieren, und auf diese Weise entwickelte sich Vertrauen. Ich dachte über das Leben der Wesen in der Welt und alles erschien mir äußerst herzzerreißend und bemitleidenswert. Was war denn daran so bemitleidenswert? All die reichen Leute würden bald sterben und ihre großen Häuser zurücklassen müssen. Sie würden Kinder und Enkel zurücklassen, die dann über das Erbe streiten würden. Wenn ich solche Dinge sah, machte mich das sehr betroffen. Es löste bei mir Mitleid für die Reichen wie für die Armen aus, für die Gescheiten wie für die Dummen – alle Menschen auf dieser Welt sitzen im selben Boot.

Indem wir über unsere eigene Sterblichkeit, den Zustand der Welt und das Leben fühlender Wesen reflektieren, erzeugen wir Abstand und Leidenschaftslosigkeit. Der Dharma löste solche Gefühle aus, welche mein Herz füllten und mich aufwachen ließen. Egal, welche Situation ich antraf, ich war hellwach und aufmerksam. Das bedeutete, dass ich langsam begann, den Dharma zu verstehen. Mein Geist erhellte sich und mir wurde vieles bewusst. Ich erfuhr Glückseligkeit, echte Zufriedenheit und Freude an meiner Lebensweise.

Um es einfach auszudrücken: Ich hatte das Gefühl, dass ich anders war als die anderen. Ich war ein erwachsener, normaler Mann, doch ich konnte das einfache Leben eines Mönchs im Wald führen. Ich empfand deswegen weder Bedauern noch sah ich darin einen Verlust. Wenn ich andere in ihren weltlichen Verwicklungen sah, erschien mir das bedauernswert. Ich entwickelte immer größeres Vertrauen in den Weg der Praxis, den ich gewählt hatte. Und dieses Vertrauen hat mich bis zum heutigen Tag unterstützt.

Mir scheint, dass heute mancherorts der Weg des Buddha verloren gegangen ist – jene ursprüngliche und unmittelbare Lehre, welche die Menschen anweist, ehrlich und integer zu sein und liebende Güte für sich und andere zu empfinden. Unruhe und Bedrängnis haben ihren Platz eingenommen. Überall strengen sich die Menschen in ihrem Leben mächtig an, doch sie tun nichts anderes als Leiden und Schwierigkeiten für sich selbst zu erschaffen. Der Buddha lehrt uns, in diesem Leben zu unserem Wohl und zum Wohl anderer zu wirken, sowie zum höchsten Nutzen spirituellen Wohlergehens beizutragen. Wir sollten das jetzt tun, in der Gegenwart. Damit wir unser Leben gut leben, unsere Ressourcen sinnvoll nutzen und eifrig den Weg des rechten Lebenserwerbs verfolgen können, sollten wir das Wissen ausfindig machen, das uns dabei unterstützt. Wenn wir uns auf das meditative Leben besinnen, dem wir uns zugewandt haben, um in Frieden und Einfachheit zu leben und zu praktizieren, und wenn wir eine konstante Haltung der Nüchternheit gegenüber den Unzulänglichkeiten der Welt entwickeln, dann wird unsere Praxis Fortschritte machen. Indem wir uns kontinuierlich die Aspekte der Praxis vor Augen halten, entsteht in uns ein Gefühl der Glückseligkeit, das uns die Haare zu Berge stehen lässt. Wir sind voller Freude, wenn wir über unsere Lebensweise reflektieren und unser früheres Leben mit dem jetzigen vergleichen.

Vor vielen Jahren, als ich ein junger Mönch war, unterwies ich einen weisen Mann. Er war ein Gönner, der in den Anfangsjahren von Wat Pah Pong das Kloster besuchte, um zu meditieren und die acht ethischen Grundsätze einzuhalten, wie es an den Mond-Tagen üblich ist. Seine Angewohnheit angeln zu gehen, konnte er jedoch nicht ablegen. Ich versuchte ihn weiter zu unterweisen, konnte aber dieses Problem nicht lösen. Er sagte, dass er die Fische nicht töten würde; sie kämen einfach, um seinen Haken zu schlucken.

Ich blieb dran und unterwies ihn solange, bis er eine gewisse Zerknirschung empfand. Er schämte sich wegen des Angelns, gab es jedoch nicht auf. Dann änderte sich seine Rechtfertigungsstrategie. Immer, wenn er den Haken mit dem Köder ins Wasser warf, verkündete er: „Welcher Fisch auch immer das Ende seines karmisch bedingten Lebens erreicht hat, möge kommen und meinen Köder fressen. Wenn deine Zeit noch nicht gekommen ist, dann friss meinen Köder nicht." Er hatte seine Rechtfertigung geändert, aber die Fische kamen immer noch, um zu fressen. Schließlich begann er sich genauer anzusehen, wie sich ihre Münder im Haken verfingen, und er verspürte etwas Mitleid. Aber er konnte sich noch nicht entschließen: „Nun, ich habe ihnen doch gesagt, dass sie den Köder nicht fressen sollen, wenn ihre Zeit noch nicht gekommen ist; was kann ich dafür, wenn sie trotzdem kommen?" Doch dann dachte er: „Aber sie sterben meinetwegen!" Er überlegte hin und her, bis er schließlich mit dem Angeln aufhören konnte.

Dann gab es da noch die Frösche. Er schaffte es einfach nicht, damit aufzuhören Frösche zu fangen, um sie anschließend zu essen. „Tu das nicht!" sagte ich zu ihm. „Schau sie dir genau an. Wenn du schon nicht damit aufhören kannst, sie zu töten, dann schau sie dir bitte zunächst einmal an." Also nahm er einen Frosch in die Hand und betrachtete ihn. Er schaute sich sein Gesicht an, seine Augen und seine Beine. „Oh je, der sieht aus wie mein Kind! Er hat Arme und Beine. Seine Augen sind offen. Er schaut mich an!" Er verspürte Schmerz. Aber dennoch tötete er sie. Er schaute sich jeden einzelnen auf diese Weise an, und dann tötete er ihn mit dem Gefühl, dass er etwas Schlechtes getan hatte. Seine Frau trieb ihn zusätzlich an und sagte, sie hätten nichts zu essen, wenn er sie nicht töten würde.

Schließlich hielt er es nicht mehr aus. Er fing sie immer noch, aber er brach ihnen nicht länger die Beine. Vorher hatte er ihnen die Beine gebrochen, damit sie nicht weghopsen konnten. Dennoch konnte er sich nicht dazu überwinden, sie freizulassen. „Nun, ich passe nur ein bisschen auf sie auf und füttere sie hier. Ich ziehe sie nur auf. Was immer jemand anderes tun mag, davon weiß ich nichts." Aber natürlich wusste er es. Die anderen töteten sie, um sie zu essen. Nach einer Weile konnte er dies sich selbst gegenüber zugeben. „Auf jeden Fall habe ich mein schlechtes Karma um 50% reduziert. Jemand anderes übernimmt das Töten."

Dies machte ihn allmählich immer mehr verrückt, doch er konnte immer noch nicht loslassen. Er behielt die Frösche bei sich zu Hause. Er brach ihnen zwar nicht mehr die Beine, aber seine Frau tat es. „Es ist alles meine Schuld. Selbst wenn ich es nicht tue, dann tut sie es wegen mir." Schließlich gab er es vollends auf. Aber dann beschwerte sich seine Frau: „Was sollen wir jetzt machen? Was sollen wir essen?"

Er befand sich jetzt wirklich in einer verzwickten Lage. Immer wenn er ins Kloster kam, erteilte ich ihm eine Lektion, was er tun solle. Wenn er dann nach Hause ging, erteilte ihm seine Frau eine Lektion, was er tun solle. Ich sagte ihm, er solle damit aufhören, und seine Frau drängte ihn dazu weiterzumachen. Was sollte er tun? Was für eine Menge Leiden, dachte er. Einmal in diese Welt hineingeboren, müssen wir auf diese Weise leiden.

Am Ende musste auch seine Frau loslassen. Sie hörten also damit auf, Frösche zu töten. Er arbeitete auf seinem Feld und kümmerte sich um seinen Wasserbüffel. Dann entwickelte er die Gewohnheit, Fische und Frösche freizulassen. Wenn er sah, dass sich Fische in den Netzen verfangen hatten, ließ er sie frei. Eines Tages ging er während der Arbeit in das Haus eines Nachbarn, um etwas Wasser zu trinken. Es war niemand zu Hause, aber er hörte ein klopfendes Geräusch. Er war verwundert, aber schließlich sah er, was es war: Es waren Frösche in einem Topf, die zu entkommen versuchten. Er schaute sich um, um sicherzugehen, dass niemand kam und ließ sie dann alle frei.

Nach einer Weile kam die Ehefrau seines Freundes, um das Abendessen zuzubereiten. Sie öffnete den Deckel des Topfes und sah, dass die Frösche weg waren. Sie ahnte aber, was geschehen war: „Es ist der Kerl mit dem verdienstvollen Herzen."

Die Frau des Nachbarn konnte schließlich einen Frosch einfangen und bereitete damit eine Chilipaste zu. Sie setzten sich zum Essen hin, und als er seinen Reisballen in die Chilipaste tunken wollte, griff sie ihn am Arm und sagte: „Hey, du verdienstvolles Herz! Du solltest das nicht essen! Es ist Frosch-Chilipaste."

Das war zu viel für ihn. Was für ein Haufen Kummer, nur um am Leben zu bleiben und zu versuchen sich zu ernähren! Als er weiter darüber nachdachte, konnte er keinen Ausweg mehr erkennen. Er war bereits ein alter Mann, also beschloss er, sich zum Mönch ordinieren zu lassen.

Er ordinierte im heimischen Kloster, und nach der Zeremonie fragte er den Präzeptor, was er tun solle. Der Präzeptor sagte zu ihm: „Wenn du es wirklich ernst meinst, dann solltest du Meditation praktizieren. Schließe dich einem Meditationsmeister an, bleibe auf keinen Fall hier in der Nähe der Häuser." Er verstand und beschloss, dem Rat des Präzeptors zu folgen. Er schlief eine Nacht im Tempelgebäude und verabschiedete sich am Morgen, indem er noch fragte, wo er Ajahn Tongrat finden könnte, einen der berühmtesten Meister jener Zeit.

Er hängte sich seine Almosenschale um die Schulter und zog davon. Er war ein frisch ordinierter Mönch, der noch nicht einmal seine Robe ordentlich anlegen konnte. Aber er fand seinen Weg zu Ajahn Tongrat.

„Ehrwürdiger Meister, ich habe kein anderes Ziel im Leben. Ich möchte Ihnen meinen Körper und mein Leben offerieren."

Ajahn Tongrat entgegnete: „Sehr gut! Ein großes Verdienst! Du hättest mich beinahe verpasst. Ich wollte mich gerade auf den Weg machen. Mach also deine Verbeugungen und setz dich hierher."

Der neue Mönch fragte: „Was soll ich tun, jetzt, wo ich ordiniert bin?"

Zufällig saßen sie in der Nähe eines alten Baumstumpfes und Ajahn Tongrat deutete darauf und sagte: „Verhalte dich wie dieser Baumstumpf. Mach nichts anderes, verhalte dich einfach wie dieser Baumstumpf." Das war Ajahn Tongrats Meditationsanleitung an ihn.

Ajahn Tongrat ging also seiner Wege, und der Mönch blieb zurück, um seine Worte zu kontemplieren. „Der Ajahn lehrte, dass ich mich wie ein Baumstumpf verhalten solle. Was soll ich also tun?" Er reflektierte dies kontinuierlich, ob beim Gehen, Sitzen oder wenn er sich zum Schlafen hinlegte. Er dachte darüber, wie es zuerst einen Samen gab, wie dieser aufkeimte und dann zu einem Baum heranwuchs und alterte. Schließlich wurde er gefällt und es blieb nur ein Stumpf übrig. Da er jetzt nur noch ein Stumpf war, würde er nicht mehr wachsen und keine Blüten mehr bekommen. Er erörterte dies fortwährend in seinem Geist, erwog und betrachtete es solange, bis es zu seinem Meditationsobjekt wurde. Er weitete es aus, um es auf alle Dinge in der Welt anzuwenden. Danach war er in der Lage, es nach innen zu richten und auf sich selbst anzuwenden. „Nach einiger Zeit werde ich wahrscheinlich wie dieser Baumstumpf sein. Ein nutzloses Ding."

Diese Erkenntnis verlieh ihm die Entschlossenheit, seine Robe nicht abzulegen. Wenn der Geist auf diese Weise einen Vorsatz fasst, dann gibt es nichts, was ihn zurückhalten kann.

Wir alle teilen dieses Schicksal. Denke bitte darüber nach und wende es in deiner Praxis an. Als Mensch geboren zu sein, ist mit vielen Schwierigkeiten verbunden. Und es war nicht nur bis jetzt schwierig gewesen, sondern auch in der Zukunft wird es Schwierigkeiten geben. Junge Menschen werden heranwachsen, Erwachsene werden altern, alte Menschen werden krank und Kranke werden sterben. So geht das immer weiter – es ist der Kreislauf der endlosen Transformation, der nie zu Ende geht. Also brachte uns der Buddha das Meditieren bei.

In der Meditation müssen wir zuerst Samādhi praktizieren, was bedeutet, den Geist still und friedvoll zu machen. Wie Wasser in einer Schüssel: Wenn wir ständig Dinge hineinlegen und es umrühren, wird es immer trüb bleiben. Erlauben wir dem Geist, ständig zu denken und sich über Dinge zu sorgen, gewinnen wir nie eine klare Sicht. Bekommt das Wasser in der Schüssel jedoch die Möglichkeit, sich zu setzen und still zu werden, können wir alle möglichen Dinge darin widergespiegelt sehen. Wenn der Geist gefestigt und still ist, wird die Weisheit in der Lage sein, Dinge zu sehen. Das strahlende Licht der Weisheit übertrifft jedes andere Licht.

15

Ein ratloser Meditierender begegnet dem Buddha

ZUR ZEIT DES BUDDHA gab es einen ehrwürdigen Mönchsältesten, der seine Meditationspraxis immer sehr ernst nahm. Er wollte den Dingen auf den Grund gehen und praktizierte zu diesem Zweck an einem abgeschiedenen Ort Samādhi.

Manchmal war seine Meditation friedvoll und manchmal nicht. Es gelang ihm einfach nicht, ihr Stabilität zu verleihen. Manchmal war er träge und manchmal fleißig. Schließlich begann er zu zweifeln, und es kam ihm der Gedanke, dass er mehr über den Übungsweg lernen müsse. Er hörte von verschiedenen Meistern: „Dieser Meister Soundso ist wirklich gut. Seine Praxis und seine Belehrungen sind ausgezeichnet; sein Ruf ist weit verbreitet." Also suchte er diesen Meister auf und lernte nach dessen Art und Methode. Nachdem er eine Weile bei ihm studiert hatte, verließ er ihn, um wieder allein zu praktizieren.

Bei der Umsetzung dessen, was er von seinem Meister gelernt hatte, befand er, dass gewisse Dinge mit seinen eigenen Vorstellungen übereinstimmten und andere nicht. Und so kehrten seine Zweifel wieder zurück. Er vernahm, wie jemand einen anderen Meister lobte und ging los, um ihn zu besuchen. Er lernte etwas von diesem Lehrer und verglich dies schließlich wieder mit dem, was er von seinem vorherigen Meister gehört hatte. So fuhr er mit dem Lernen und Vergleichen fort, aber die Belehrungen stimmten nie überein. Darüber hinaus stimmten sie auch nicht mit seinen eigenen Vorstellungen überein. Also nahmen seine Zweifel auch noch zu.

Und dann gab es da die Methoden zur Entwicklung von Samādhi. Er dachte über alle nach und probierte sie alle aus, doch sein Geist wurde nur noch zerstreuter und verwirrter. Sie führten seinen Geist nicht in die Sammlung. Er tat dies bis zur völligen Erschöpfung und war dennoch genauso voller Zweifel wie zuvor.

Eines Tages hörte er von dem Mönch Gautama, dem ganz besondere Fähigkeiten nachgesagt wurden. Er konnte nicht widerstehen und machte sich erneut auf den Weg. Nachdem er an den Ort gelangt war, wo sich der

Buddha aufhielt, hörte er sich dessen Dharma-Belehrungen an. Gautama sagte: „Der Versuch, Verständnis aus den Worten eines anderen zu gewinnen, wird die Zweifel nie beenden können. Je mehr man hört, umso stärker zweifelt man. Je mehr man hört, umso verwirrter wird man."

Und der Erhabene fuhr fort: „Zweifel sind nichts, was eine andere Person für uns beseitigen kann. Eine andere Person kann uns lediglich über Zweifel aufklären; wir müssen jedoch unsere eigenen Erfahrungen nutzen, um selbst zu unmittelbarer Erkenntnis zu gelangen."

Der Buddha hat gelehrt: „In diesem Körper gibt es Form, Gefühle, Wahrnehmungen, Gedanken und Bewusstsein." Diese sind bereits unsere Lehrer und vermitteln uns Wissen – dafür sind jedoch rechte Meditation und Erforschung erforderlich. Wenn du deine Zweifel beenden möchtest, dann halte inne und untersuche deinen Körper und deinen Geist.

Löse dich von der Vergangenheit. Was auch immer du an Gutem und an Schlechtem getan hast, lege es ab. Daran festzuhalten bringt jetzt keinen Nutzen. Was da gut war, ist vorbei. Was da falsch war, ist vorbei.

Die Zukunft ist noch nicht gekommen. Was immer dann sein wird, wird in der Zukunft entstehen und vergehen. Wenn es geschieht, solltest du es erkennen und verwerfen, ohne daran festzuhalten.

Was immer sich in der Vergangenheit ereignet hat, ist verschwunden. Warum willst du jetzt darüber Gedanken verschwenden? In der Gegenwart brauchst du dich nicht damit zu befassen. Du musst Gedanken oder Erinnerungen nicht unterbinden, aber nachdem du über die Vergangenheit nachgedacht und sie erkannt hast, bist du dir ihrer gewahr und lässt sie los. Denn sie ist bereits abgeschlossen.

Die Zukunft ist noch nicht da. Wenn du Gedanken an die Zukunft erkennst, wie sie entstehen und vergehen, dann lass sie los. Gedanken an die Vergangenheit sind vergänglich. Die Zukunft ist ungewiss. Mit diesem Wissen lass los. Betrachte die Gegenwart, jetzt in diesem Moment. Schau dir den *Hier-und-Jetzt-Dharma* deiner gegenwärtigen Erfahrung an. Glaube nicht, dass dieser oder jener Lehrer deine Zweifel beseitigen wird.

Der Buddha lobte diejenigen nicht, die anderen mehr glaubten, als ihren eigenen Erfahrungen. Wer sich auf die Worte anderer stützt und sich dadurch ermutigt oder niedergeschlagen fühlt, bekommt vom Buddha dafür kein Lob. Wenn man versteht, was jemand sagt, sollte man loslassen, denn diese Worte sind jemand anderes Worte und man sollte nicht an ihnen haften. Selbst wenn sie korrekt sind, sind sie nur für die andere Person korrekt. Wenn wir sie nicht verinnerlichen und sie mit unserem Herzen in Übereinstimmung bringen, werden sie nie wirklich korrekt für uns werden, und unsere Zweifel beenden. „Ist das korrekt? Hat dieser Lehrer recht? Liegt jener Lehrer falsch?" Das bedeutet, dass wir nicht praktiziert haben, um die wahre Bedeutung zu erkennen. Also werden wir auch noch nicht vom Buddha gelobt.

Meine Belehrungen handeln immer von diesem Aspekt des Dharma, der zur Innenschau aufruft, damit es zu eigener Erkenntnis und eigener Verwirklichung kommen kann. Wenn jemand sagt, etwas sei richtig, dann glaube ihm noch nicht. Wenn er sagt, etwas sei falsch, glaube ihm noch nicht. „Richtig" und „falsch" sind nichts weiter als die gesprochenen Worte eines anderen Menschen. Was immer du an Belehrungen hörst, verinnerliche sie und übe dich darin, die ihnen innewohnende Wahrheit im Hier und Jetzt zu erkennen.

Weil Menschen sich in ihrem Grad an Weisheit unterscheiden, hat die gleiche Praxis unterschiedliche Auswirkungen. Wir gehen zu Meditationslehrern und versuchen, ihre Denkweisen zu verstehen. Wir betrachten ihre Methode und ihr Verhalten, doch wir achten dabei nur auf das Äußere. Was wir von ihrer Praxis sehen können, ist nur der äußere Aspekt. Wenn wir die Sache auf diese Weise angehen, werden unsere Zweifel immer bestehen bleiben. „Wieso praktiziert dieser Lehrer auf diese Weise? Weshalb verwendet jener Lehrer eine andere Methode? Warum lehrt der eine Meister viel, der andere wenig und wieder ein anderer überhaupt nicht?" Das kann dich wirklich verwirren.

Den rechten Weg zu finden, hängt nicht von solchen Dingen ab. Es liegt an uns selber, dem korrekten Pfad zu folgen. Andere können uns als Vorbild dienen, doch wir müssen tiefer in uns hineinsehen, wenn wir die Zweifel ausrotten möchten. Deshalb belehrte der Buddha jenen Ordensälteren den gegenwärtigen Moment zu kontemplieren, ohne dabei seinen Geist in die Vergangenheit oder Zukunft schweifen zu lassen.

Also fuhr er fort, in allen Situationen seinen Geist zu beobachten. Egal welche Bedingungen vorhanden waren, es spielte keine Rolle – er sah, dass sie unzuverlässig und vergänglich waren. Nur dies brachte ihm der Buddha bei, und indem er es direkt umsetzte, war er fähig, den Dharma zu verwirklichen und zu erkennen, dass die Wahrheit in ihm selbst lag.

Das Rad des Saṁsāra – des Daseinskreislaufs – dreht sich, doch besteht keine Notwendigkeit, ihm zu folgen. Es dreht sich ständig im Kreis – willst du es etwa mit ihm aufnehmen? Es ist wirklich schnell. Wenn sich ein Rad dreht, kannst du an einem Ort stehenbleiben und es seine Runden drehen lassen. Eine Eidechse versucht vielleicht ihm hinterherzulaufen. Du jedoch kannst an Ort und Stelle bleiben und zusehen, wie die Eidechse immer wieder vorbeikommt, ohne dass du sie jagen musst. Der Kreislauf der weltlichen Dinge ist wirklich schnell. Aber für einen Menschen, der Weisheit besitzt, ist das kein Problem. Wenn du achtsam bist, wird der Geist in den unterschiedlichsten Situationen – ob beim Kommen und Gehen, oder wenn du dich deiner persönlichen Belange annimmst – keinen Schaden erleiden.

Teil Drei:

DUKKHA – Unzulänglichkeit

16

Dukkha verstehen

Dukkha klebt auf der Haut, dringt ins Fleisch ein und befällt die Knochen. Es ist wie ein Insekt, das auf einem Baum sitzt und sich durch die Rinde ins Holz und dann ins Innerste frisst, bis der Baum schließlich stirbt.

Während wir heranwachsen, setzt sich Dukkha tief in uns fest. Unsere Eltern bringen uns das Ergreifen und Anhaften bei, erklären uns die Bedeutung der Dinge und glauben fest daran, dass wir als eigenständige Einheiten existieren und dass uns die Dinge gehören. Gleich von Geburt an wird uns das beigebracht. Wir hören es immer wieder, es dringt in unsere Herzen ein und verbleibt dort als unser gewohnheitsmäßiges Gefühl. Man bringt uns bei Dinge zu erlangen, sie anzuhäufen und uns an ihnen festzuhalten, sie als wichtig und als unser Eigentum anzusehen. Dies hatte man schon unseren Eltern beigebracht, und genau das lehren sie auch uns. Auf diese Weise dringt Dukkha in unseren Geist ein, bis in die Knochen.

Wenn wir beginnen, uns für Meditation zu interessieren und die Belehrungen eines spirituellen Lehrers hören, dann sind diese anfangs nicht so leicht zu verstehen. Wir sind nicht wirklich begeistert. Uns wird vermittelt, dass wir die Dinge nicht nach altbekannter Art betrachten und dementsprechend handeln sollen. Doch was wir hören, dringt nicht bis zu unserem Herzen vor.

Also sitzen wir da und hören die Lehren, doch oft handelt es sich lediglich um Töne, die in unser Ohr dringen. Es erreicht und berührt uns nicht wirklich. Es ist wie beim Boxen, wenn wir beharrlich auf den Gegner einschlagen, dieser jedoch nicht umfällt. Wir stecken in der eigenen Sichtweise fest. Weise Menschen haben gesagt, dass es leichter sei, einen Berg von einem Ort an einen anderen zu versetzen als den Dünkel des Glaubens an ein

Selbst zu bewegen – jenes hartnäckige Gefühl, dass wir wirklich als ein besonderes Individuum existieren.

Wir können Dynamit benutzen, um einen Berg in die Luft zu sprengen, und die Erde dann wegschaffen. Doch das rigide Festhalten am Eigendünkel – Mann-oh-Mann! Unsere falschen Vorstellungen und schlechten Gewohnheiten bleiben so massiv und unbeweglich – wir sind uns dessen nicht einmal gewahr. Daher sagen die Weisen, dass es so ziemlich das Schwierigste sei, diese Sichtweise abzulegen und das falsche Verständnis in rechtes Verständnis zu verwandeln.

Für uns weltliche Wesen (*putthujana*) ist es nicht leicht, sich zu tugendhaften Wesen (*kalyanajana*) zu entwickeln. Bei einem Putthujana handelt es sich um jemanden, der total unklar ist, völlig im Dunkeln tappt und sich in dieser Dunkelheit zutiefst verfangen hat. Der Kalyanajana hat die Dinge schon etwas heller gemacht. Wir bringen den Menschen genau das bei, nämlich sich aus ihrer Dunkelheit zu befreien, doch sie weigern sich, weil sie ihre Situation, ihren Zustand der Verdunkelung nicht verstehen. Also treiben sie weiterhin in ihrer Verwirrung dahin.

Wenn wir auf einen Haufen Büffelscheiße treffen, glauben wir weder, dass es unser eigener ist, noch dass wir ihn aufheben wollen. Wir werden ihn einfach dort lassen, wo er ist, denn wir wissen ja, worum es sich handelt.

So verhält man sich auf die rechte Weise bezüglich des Unreinen. Das Böse ist die Nahrung schlechter Menschen. Wenn Du ihnen erklärst, dass sie Gutes tun sollen, dann sind sie nicht interessiert, sondern wollen so bleiben, wie sie sind, denn sie können den Nachteil darin nicht sehen. Ohne den Nachteil zu sehen, kann man die Dinge niemals korrigieren. Wenn man ihn aber erkennt, dann denkt man: „Oh! Mein gesamter Misthaufen hat nicht einmal den Wert eines kleinen Goldstücks!" Dann möchte man stattdessen Gold haben und den Mist nicht mehr wollen. Wenn man dies nicht erkennt, bleibt man der Besitzer eines Misthaufens.

Darin besteht das „Gute" des Unreinen. Gold, Juwelen und Diamanten werden von den Menschen als etwas Gutes angesehen. Das Verdorbene und Verfaulte ist gut für Fliegen und andere Insekten. Wenn du frische Blumen pflückst, sind die Fliegen nicht daran interessiert. Selbst wenn du versuchen würdest, sie dafür zu bezahlen, würden sie nicht kommen. Doch wo immer sich ein totes Tier befindet, wo immer etwas am Verrotten ist, dort werden sie sich hinbegeben. Mit falscher Anschauung ist es genauso. Sie erfreut sich an derlei Dingen. Was für eine Biene süß und wohlriechend ist, ist es nicht für eine Fliege.

Es gab einmal zwei Freunde, die sich sehr nahestanden. Nachdem sie gestorben waren, wurde der eine unter den Gottheiten der Sinnenfreuden wiedergeboren, während der andere als Made in einem Haufen von Exkrementen geboren wurde.

Als Gottheit besaß der Erstere übernatürliche Kräfte, und als er sich an seinen Freund aus dem vergangenen Leben erinnerte, benutzte er seine Hellsichtigkeit, um ihn zu finden. Er begab sich zu der Exkrementen-Grube und schaffte es, dass sein Freund ihn wiedererkannte. Sie waren hocherfreut, einander wiederzusehen.

Die Made fragte die Gottheit: „Wie sieht es dort aus, wo du wiedergeboren wurdest?"

Die Gottheit sagte: „Großartig! Nichts als das reine Vergnügen! Dort ist alles sauber und höchst angenehm. Was auch immer du dir wünschst, es geht sofort in Erfüllung. Ich hoffe, du kannst mit mir dort hinkommen."

Doch die Made fing an zu weinen, weil sie ihren Freund bemitleidete. „Hör zu", sagte sie. „Das Leben hier macht so großen Spaß. Ich spiele den ganzen Tag in dieser Grube. Ich muss mir noch nicht einmal wünschen, dass etwas Begehrenswertes erscheinen möge, denn es ist ja bereits alles vorhanden. Du solltest wirklich hierbleiben."

Es gibt Schwierigkeiten in der Praxis. Doch wie bei allem, was wir in Angriff nehmen, müssen wir durch die Schwierigkeiten hindurchgehen, um innere Ruhe zu erlangen. In der Dharma-Praxis beginnen wir mit der Wahrheit von Dukkha, der tiefgreifenden existenziellen Unzulänglichkeit. Sobald wir dies erfahren, verlieren wir jedoch den Mut. Wir wollen uns das nicht anschauen. Dukkha ist tatsächlich real, aber irgendwie wollen wir uns der Tatsache nicht stellen. Das ist damit vergleichbar, dass wir nicht gern alte Menschen betrachten, sondern lieber die Jungen und Attraktiven.

Wenn wir uns weigern, Dukkha zu sehen, dann werden wir Dukkha niemals verstehen, egal, wie lange wir leben. Dukkha ist die Wahrheit. Wenn wir uns trauen, uns ihr zuzuwenden, dann werden wir damit beginnen, einen Ausweg zu suchen. Wenn wir irgendwo hinwollen und die Straße blockiert ist, werden wir darüber nachdenken, wie wir uns einen Weg bahnen können. Wenn wir tagelang daran arbeiten, wird es uns irgendwann gelingen. Auf diese Art entwickeln wir immer dann Weisheit, wenn uns Schwierigkeiten begegnen. Ohne Dukkha zu erkennen, werden wir unseren Problemen nicht auf den Grund gehen und sie nicht überwinden können; wir halten sie einfach nur aus oder gehen gleichgültig daran vorbei.

Meine Art, Menschen auszubilden, beinhaltet immer ein gewisses Leiden, denn das Verständnis vom Leiden gehört zum Pfad des Buddha zum Erwachen. Er wollte, dass wir das Leiden und dessen Ursprung erkennen, ebenso wie dessen Beendigung und den Pfad, der zum Ende des Leidens führt. Dies ist der Ausweg für alle Erwachten. Wenn du diesen Weg nicht nimmst, dann gibt es keinen Ausweg.

Wenn wir Dukkha kennen, werden wir es in all unseren Erfahrungen sehen. Manche Leute haben das Gefühl, dass sie eigentlich nicht so viel leiden. Der praktische Aspekt des Buddhismus besteht jedoch darin, uns vom Leiden zu befreien, von der Unzulänglichkeit, welche die ganz gewöhnliche Erfahrung durchdringt. Was sollten wir also tun, um nicht mehr zu leiden? Sobald Dukkha entsteht, untersuchen wir sofort die Ursachen seines Entstehens. Sind diese erkannt, können wir so praktizieren, dass wir sie beseitigen. Sobald wir uns auf dem Pfad der Erfüllung befinden, wird Dukkha nicht mehr entstehen. Dies ist der Weg aus dem Leiden, wie ihn der Buddhismus beschreibt.

Unseren Gewohnheiten entgegenzutreten erzeugt ein gewisses Leid. Im Allgemeinen fürchten wir Angst uns vor dem Leiden, und wenn uns etwas leiden lässt, wollen wir dem gewöhnlich ausweichen. Wir sind nur an dem interessiert, was uns gut und schön erscheint und haben das Gefühl, dass alles, was Leid beinhaltet, schlecht sei. Aber das entspricht nicht der Wahrheit. Wenn wir Leid im Herzen tragen, kann das uns auch dazu veranlassen, über einen Ausweg nachzudenken. Es führt uns zur Kontemplation. In uns wächst die Absicht herauszufinden, was wirklich los ist. Wir versuchen, die Ursachen und deren Resultate zu erkennen.

Glückliche Menschen entwickeln keine Weisheit. Sie sind im Tiefschlaf. Es ist wie bei einem Hund, der sich den Bauch vollgeschlagen hat. Danach will er nichts mehr tun. Er kann den ganzen Tag schlafen. Er wird nicht bellen, wenn ein Einbrecher kommt – er ist zu satt und zu müde. Aber wenn du ihm nur ein bisschen Futter gibst, dann wird er hellwach sein. Wenn jemand ums Haus herumschleicht, wird er sofort aufspringen und losbellen. Hast du das schon mal erlebt?

Wir Menschen sind gefangen in dieser Welt und haben reichlich Probleme. Wir sind ständig voller Zweifel, Verwirrung und Sorgen. Das ist kein Spiel. Also gibt es etwas, das wir loswerden müssen. Gemäß dem spirituellen Entwicklungsweg sollten wir unseren Körper und uns selbst aufgeben. Wir sollten beschließen, unser Leben dem Streben nach Befreiung zu widmen.

Wenn wir den subtilen Dharma ansprechen, werden sich die meisten Menschen davor fürchten. Sie werden es nicht wagen, sich darauf einzulassen. Selbst wenn man nur „Tue nichts Böses" sagt, kommen die meisten schon nicht mehr mit. Also habe ich nach allen möglichen Mitteln gesucht, dies verständlich zu machen. Etwas, was ich oft erwähne, ist, dass egal, ob wir erfreut oder aufgebracht, glücklich oder leidend sind, Tränen fließen lassen oder Lieder singen – wenn wir in dieser Welt leben, dann leben wir in einem Käfig. Diesen Zustand in einem Käfig zu leben, können wir nicht überwinden. Selbst wenn du reich bist, lebst du in einem Käfig. Wenn du arm bist, lebst du in einem Käfig. Wenn du singst und tanzt, dann singst und tanzt du in einem Käfig. Wenn du dir einen Film anschaust, dann schaust du ihn dir in einem Käfig an.

Was ist das für ein Käfig? Es ist der Käfig der Geburt, der Käfig des Alterns, der Käfig der Krankheit, der Käfig des Todes. Auf diese Weise sind wir in der Welt gefangen. „Dies ist meins, jenes gehört mir." Wir wissen nicht, was wir wirklich sind oder was wir tun. Tatsächlich häufen wir immer mehr Leiden an. Es ist nicht etwas weit Entferntes, was unser Leiden verursacht, aber wir schauen uns selbst nicht an. Egal, wie glücklich und komfortabel unser Leben sein mag, dadurch, dass wir geboren wurden, können wir es nicht verhindern zu altern. Wir müssen krank werden und wir müssen sterben. Genau dies ist Dukkha im Hier und Jetzt.

Wir können jederzeit von Schmerz oder Krankheit betroffen werden. Es kann jeden Moment passieren. Es ist so, als hätten wir etwas gestohlen: wir könnten jederzeit verhaftet werden, da wir es ja getan haben. Das ist unsere Situation. Wir existieren inmitten schädlicher Dinge, sind Gefahren und Scherereien ausgesetzt; Altern, Krankheit und Tod regieren unser Leben. Wir können nirgendwo hin, um ihnen zu entkommen. Jederzeit können sie uns heimsuchen, es besteht immer eine gute Gelegenheit für sie. Wir müssen ihnen das also überlassen und die Situation akzeptieren. Wir müssen uns schuldig bekennen. Dann wird der Urteilsspruch nicht so schwerwiegend sein. Tun wir es nicht, dann leiden wir enorm. Wenn wir unsere Schuld eingestehen, behandeln sie uns mit Nachsicht. Wir werden nicht sehr lange eingesperrt sein.

Wenn der Körper geboren wird, dann gehört er niemandem. Er ist so etwas wie unsere Meditationshalle hier im Kloster. Nachdem sie errichtet worden ist, kommen Spinnen und Eidechsen, um darin zu leben. Alle Arten von Insekten und Krabbeltierchen siedeln sich darin an. Vielleicht kommen sogar Schlangen, um darin zu leben. Alle möglichen Lebewesen könnten sich dort niederlassen. Es ist nicht nur unsere Halle, sie gehört allen.

Mit unserem Körper ist es genauso. Er gehört uns nicht. Wir kommen auf die Welt, um darin zu leben, und sind von unserem Körper abhängig. Krankheit, Schmerzen und Altern kommen, um darin zu wohnen, und wir wohnen lediglich mit ihnen gemeinsam darin. Wenn dieser Körper das Ende von Schmerz und Krankheit erreicht und schließlich zerfällt und stirbt, dann sind das nicht wir, die sterben. Also halte an nichts von alledem fest, sondern kontempliere mit klarem Verstand, und dein Greif-Reflex wird sich mit der Zeit erschöpfen.

Weißt du, ob Verlangen Grenzen hat? An welchem Punkt wird es befriedigt sein? Gibt es so etwas überhaupt? Wenn du darüber nachdenkst, wirst du sehen, dass blindes Verlangen (*taṇhā*) nicht befriedigt werden kann. Es wird einfach immer mehr verlangen. Selbst wenn es uns so viel Leid beschert, dass wir fast daran sterben, wird *taṇhā* immer noch mehr Dinge wollen, denn Befriedigung ist nicht möglich.

In seinen „Instruktionen für Reiche" lehrte der Buddha mit dem zufrieden zu sein, was man hat. Das war für ihn eine reiche Person. Das ist die Instruktion für die Reichen. Ich denke, dass es sich wirklich lohnt, sich diese Art von Wissen anzueignen. Es lohnt sich, das Wissen, das durch den Weg des Buddha vermittelt wird, zu erlernen und zu reflektieren. Zunächst lehrt er eine ethische Lebensweise. Sofern wir über ausreichende materielle Versorgung verfügen, um unser Leben zu bestreiten, können wir den Weg in die unteren Existenzbereiche blockieren, indem wir tugendhaft leben.

Der unverfälschte, reine Dharma der Praxis geht jedoch darüber hinaus. Er geht wesentlich tiefer. Manche von uns sind möglicherweise nicht in der Lage, ihn zu verstehen. Vergegenwärtige dir einfach die Worte des Buddha, dass es für so jemanden keine Geburt mehr gibt, dass Geburt und Existenz beendet sind. Wenn wir das hören, fühlen wir uns unbehaglich. Um es direkt zu sagen: Der Buddha sagte, wir sollten nicht geboren werden, denn das bedeute Leiden. Der Buddha legte sein Augenmerk nur auf diese eine Sache: die Geburt. Er kontemplierte sie und erkannte den Ernst der Lage. Wird man geboren, kommt sämtliches Dukkha gleich mit auf die Welt. Es geschieht simultan mit der Geburt. Wenn wir auf diese Welt kommen, dann bekommen wir Augen, einen Mund, eine Nase – es kommt alles gleich mit, nur weil wir geboren wurden. Doch wenn wir etwas über das Sterben oder das Ende der Wiedergeburt hören, dann haben wir das Gefühl, es sei der totale Ruin. Da wollen wir nicht hin. Dies ist aber die tiefgründigste Lehre des Buddha.

Warum leiden wir jetzt? Weil wir geboren wurden. Also wird uns beigebracht, der Geburt ein Ende zu setzen. Dabei geht es nicht nur darum, dass der Körper geboren wurde und sterben wird. Bis dahin ist das leicht zu sehen – sogar ein Kind kann das verstehen. Der Atem stoppt, der Körper stirbt und liegt dann einfach da. Das meinen wir normalerweise, wenn wir über den Tod sprechen. Doch eine atmende, tote Person – davon haben wir noch nichts gehört. Eine tote Person, die herumspaziert und spricht und lächelt – über so etwas haben wir noch nie nachgedacht. Wir kennen nur den Körper, der nicht mehr atmet. Das bezeichnen wir als Tod.

Dasselbe gilt für die Geburt. Wenn wir sagen, dass jemand geboren wurde, dann meinen wir damit, dass eine Frau ins Krankenhaus gegangen ist und dort ein Kind zur Welt gebracht hat. Aber der Moment, in dem der Geist geboren wird – hast du das schon einmal bemerkt, etwa, wenn du dich zu Hause über etwas aufregst? Manchmal wird Liebe geboren. Manchmal wird Hass geboren. Erfreut sein, nicht zufrieden sein – alle möglichen Zustände. Das ist Geburt.

Aus diesem Grund leiden wir. Wenn die Augen etwas Unerfreuliches sehen, wird Dukkha geboren. Es gibt nichts als Leid.

Der Buddha fasste es so zusammen, dass es nur eine Ansammlung von Dukkha gebe. Dukkha wird geboren und Dukkha hört auf. Das ist schon alles. Wir stürzen uns darauf und reißen es immer wieder an uns. Wir stürzen uns aufs Entstehen, stürzen uns aufs Aufhören, ohne es jemals zu verstehen.

Sobald Dukkha entsteht, nennen wir es Leiden. Wenn es aufhört, nennen wir das Glück. Es ist alles nur altes Zeugs, Entstehen und Vergehen. Man bringt uns bei, beim Entstehen und Vergehen auf Körper und Geist zu achten. Es gibt nichts außerhalb davon.

Wir erkennen Leiden als Leiden an, sobald es entsteht. Wenn es dann verschwindet, empfinden wir das als Glück. Wir sehen es und bezeichnen es als solches, aber es ist nicht so. Dukkha vergeht einfach nur. Dukkha entsteht und vergeht, entsteht und vergeht, und wir stürzen uns darauf und halten uns daran fest. Glücklichsein erscheint und wir sind erfreut. Unglücklichsein erscheint, und wir sind verstört. Es ist wirklich alles dasselbe, nichts außer Entstehen und Vergehen. Mit dem Entstehen erscheint etwas und wenn es vergeht, ist es verschwunden. Dies verwirrt uns. Daher wird gelehrt, dass es nur das Entstehen und Vergehen von Dukkha gibt, und nichts weiter.

Wir erkennen nicht klar, dass da nur Leiden ist, denn wir betrachten das Aufhören von Leiden als Glück. Wir ergreifen es und bleiben dort stecken. Wir wissen nicht wirklich, was geschieht, nämlich nur Entstehen und Vergehen.

Der Buddha fasste es so zusammen, dass es ausschließlich Entstehen und Vergehen gibt und nichts außerhalb davon. Dies ist schwierig zu akzeptieren. Aber jemand, der wirklich ein Gefühl für den Dhamma hat, braucht sich auf nichts anderes zu verlassen und lebt in Frieden.

In Wirklichkeit ist es so, dass es in unserer Welt nichts gibt, was etwas mit jemandem macht. Es gibt nichts, worüber man sich Sorgen machen müsste. Es gibt nichts, worüber es sich lohnen würde zu weinen oder zu lachen. Nichts ist grundsätzlich tragisch oder erfreulich. Aber für die Menschen ist das ganz alltäglich.

Unsere Art zu sprechen kann ganz gewöhnlich sein, wenn wir mit anderen auf Basis der gewöhnlichen Weltanschauung in Beziehung treten. Das ist in Ordnung so. Doch die gewöhnliche Art zu Denken endet oft in Tränen.

Wenn wir den Dhamma wirklich kennen und ihn kontinuierlich sehen, dann hat nichts Substanz; es gibt nur Entstehen und Vergehen. Es gibt kein wirkliches Glück oder Leid. Wenn es kein Glück oder Leid mehr gibt, findet das Herz Frieden. Wenn es Glück und Leid gibt, dann ist da Werden und Geburt, unaufhörlicher Wandel.

Normalerweise versuchen wir, das Leiden zu beenden, damit Glück entstehen kann. Genau das wollen wir. Doch was wir wollen, ist kein echter Frieden; es sind Glück und Leiden. Das Ziel der Lehre des Buddha besteht darin, so zu praktizieren, dass ein Karma entsteht, das jenseits von Glück und Leid liegt und uns Frieden bescheren wird. Aber normalerweise denken wir, dass nur Glück uns Frieden bringen wird. Wenn wir ein wenig Glück erreichen, dann denken wir, das reiche schon aus.

Wir Menschen haben unendlich viel Wünsche. Wenn wir viel erreichen, ist das gut – zumindest denken wir im Allgemeinen so. Gutes zu tun, bringt angeblich gute Resultate hervor, und wenn wir sie erhalten, sind wir glücklich. Wir glauben, dass das alles sei, was wir tun müssten und beenden hier die Praxis. Aber können gute Erfahrungen uns dauerhafte Befriedigung verschaffen? Sie bleibt uns nicht erhalten. Wir gehen vor und zurück, erfahren Gutes und Schlechtes und versuchen Tag und Nacht nach dem zu greifen, was sich für uns gut anfühlt.

Die Lehre des Buddha besagt, dass wir als erstes unheilsames Verhalten aufgeben sollten, um anschließend das zu praktizieren, was gut ist. Als Zweites sagte er, dass wir Unheilsames *und* Gutes aufgeben und nicht daran anhaften sollten, weil dies ja auch eine Art von Treibstoff ist. Wenn es etwas gibt, was wie Treibstoff aussieht, wird es am Ende in Flammen aufgehen. Gutes ist Treibstoff, Schlechtes ist Treibstoff.

17

Die Schüler wachrütteln – Ajahn Chahs Methoden

VIELE MENSCHEN, insbesondere seine älteren Schüler, erinnern sich an Ajahn Chah als einen strengen Zuchtmeister. Einer von ihnen, Ajahn Sinuan, erzählte eine Geschichte darüber, wie sie seinerzeit an einer der Kutis (Behausungen der Mönche) arbeiteten. Er hielt ein Brett hoch, damit ein anderer Mönch ein paar Nägel einschlagen konnte. Währenddessen begann Ajahn Chah eine Unterhaltung mit diesem Mönch, ohne auf Sinuan Rücksicht zu nehmen, der das Brett weiter hochhielt, während Wespen seinen Kopf umschwirrten. Als die Schmerzen in seinen Armen schließlich unerträglich wurden, sagte er: „Luang Por (Ehrwürdiger Vater), ich glaube, ich kann es nicht mehr länger halten." Daraufhin schlug ihm Ajahn Chah mit einem Stock auf den Rücken. Dies schockierte Sinuan zutiefst, und er war überzeugt davon, dass Ajahn Chah ganz gewiss unmenschlich sei.

An jenem Abend hielt Ajahn Chah nach der Rezitation und Meditation einen Vortrag. „Ich möchte, dass ihr alle darüber nachdenkt, warum ihr hier seid. Ihr solltet verstehen, dass alles, was ich tue, mit der Absicht geschieht, euch aus den Schlingen von Māra zu befreien – und nichts weiter. Euer ganzes Leben lang seid ihr Gefangene eurer Gewohnheiten gewesen. Wenn ihr nicht frei werden wolltet, warum wäret ihr sonst hierhergekommen?"

18

Geburt und Werden

Es wird gelehrt, dass Geburt Leiden bedeutet, doch das bezieht sich nicht nur auf das Sterben im jetzigen Leben und die Wiedergeburt im nächsten Leben. Das ist zu weit weg. Das Leiden der Geburt geschieht unmittelbar jetzt. Es heißt, dass das Werden die Ursache für Geburt sei. Was ist dieses *Werden* eigentlich? Alles, woran wir haften und dem wir eine Bedeutung geben, ist *Werden.* Immer wenn wir etwas als ein Selbst ansehen oder als etwas, was uns gehört – ohne weise zu erkennen, dass es sich dabei nur um eine Konvention handelt – dann ist das *Werden.* Jedes Mal, wenn wir uns an etwas festhalten, es als unseren Besitz ansehen oder uns damit identifizieren, und es sich dann verändert, wird unser Geist dadurch aufgerüttelt. Er wird entweder durch eine positive oder eine negative Reaktion aufgerüttelt. Das Gefühl eines Selbst, welches Glück oder Unglück erfährt, ist Geburt. Wenn es Geburt gibt, dann bringt sie das Leiden gleich mit, denn alles muss sich verändern und verschwinden.

Ist es möglich, Werden genau jetzt in diesem Moment zu erfahren? Sind wir uns dieses Werdens gewahr? Nimm zum Beispiel die Bäume in einem Obstgarten. Der Besitzer des Obstgartens kann als Wurm in jedem einzelnen Baum geboren werden, wenn er sich seiner selbst nicht gewahr ist. Wenn er das Gefühl hat, dass es tatsächlich *sein* Obstgarten ist. Dieser Greifreflex bezüglich *meines* Obstgartens und *meiner* Bäume ist der Wurm, der sich da angedockt hat. Gibt es Tausende von Bäumen, wird er tausende Male zum Wurm. Das ist Werden. Wenn die Bäume gefällt werden oder einen Schaden erleiden, dann sind die Würmer davon betroffen. Der Geist ist aufgewühlt und wird mit all diesen Sorgen geboren. Dann gibt es das Leiden der Geburt, das Leiden des Alterns, usw. Habt ihr nun verstanden, auf welche Weise das geschieht?

Nun, vielleicht sind jene Objekte bei uns zu Hause oder in unseren Obstgärten immer noch zu weit entfernt. Betrachten wir doch einmal uns selbst, während wir hier sitzen. Wir bestehen aus fünf Daseinsgruppen (*khandha*) und den vier Elementen. Diese *Saṅkhāra*s (gestaltete oder bedingte

Phänomene) werden als ein Selbst bezeichnet. Kannst du diese *Saṅkhāras* und diese Bezeichnungen so sehen, wie sie wirklich sind? Wenn du ihre Wahrheit nicht siehst, dann gibt es Werden, weil du über die fünf *Khandhas* erfreut oder deprimiert bist und mit all den daraus resultierenden Leiden geboren wirst. Diese Wiedergeburt geschieht gerade jetzt, in der Gegenwart. Dieses Glas hier zerbricht jetzt, und genau jetzt sind wir darüber aufgebracht. Dieses Glas ist jetzt nicht zerbrochen, und wir sind jetzt darüber erfreut. Genau das passiert gerade: In unserer völligen Blindheit sind wir verärgert oder glücklich. Man trifft dabei nur auf Ruin. Um dies zu verstehen, muss man aber seinen Blick nicht in die Ferne richten. Wenn man sich selbst Aufmerksamkeit schenkt, dann kann man erkennen, ob da Werden ist oder nicht. Das Entscheidende ist das Ergreifen und Anhaften und die Frage, ob wir wirklich an die Bezeichnungen von *mir* und *mein* glauben wollen. Dieses Ergreifen ist der Wurm und er ist es, der Geburt verursacht.

Indem wir Form, Gefühl, Wahrnehmung, Gedanken und Bewusstsein ergreifen, binden wir uns an Gefühle von Glücklichsein und Unglücklichsein, werden verwirrt und erleben Geburt. Ausgelöst wird dies, sobald wir Kontakt über die Sinne aufnehmen. Die Augen sehen Formen und es geschieht in der Gegenwart. Der Buddha wollte, dass wir genau dies sehen, dass wir Werden und Geburt erkennen, während sie über unsere Sinne ausgelöst werden. Wenn wir sie erkennen, können wir loslassen – wir können die inneren Sinne und ihre äußeren Objekte loslassen. Dies kann man in der Gegenwart beobachten. Es geschieht nicht erst, wenn wir aus diesem Leben scheiden. Es ist das Auge, welches Formen genau jetzt sieht, das Ohr hört genau jetzt Töne, die Nase riecht genau jetzt Düfte, die Zunge schmeckt genau jetzt Geschmack. Wirst du darin geboren? Sei gewahr und erkenne Geburt in dem Moment, wo sie passiert.

Der bisherige *Saṅgharaja*, der höchste Patriarch des klösterlichen Ordens, begab sich einmal auf eine Tour nach China, wo ihm jemand eine wunderschöne Teetasse offerierte. Sie war einzigartig und er dachte: „Oh! Die Leute hier haben wirklich viel Vertrauen in mich, dass sie mir eine so schöne Teetasse schenken!“ Und sobald sich die Teetasse in seiner Hand befand, fing er sofort an zu leiden. Wo soll ich sie hintun? Wo kann ich sie sicher aufbewahren? Er konnte nicht aufhören, sich Sorgen darüber zu machen, dass sie zerbrechen könnte.

Bevor er die Teetasse geschenkt bekam, ging es ihm gut. Als er sie dann hatte, wollte er sie nach seiner Rückkehr voller Stolz den Menschen in Thailand zeigen. Er packte sie in seine Tasche und wies jeden an, darauf zu achten, dass die Teetasse nicht zerbrach. „Hey! Vorsicht bitte!" Überall wo er hinging, wachte er über seine Teetasse. Er hatte nichts als Stress deswegen. Vorher existierte dieser Stress nicht, aber jetzt war da die Bürde, Besitzer dieser Teetasse zu sein.

Also bestieg er das Flugzeug, das ihn zurück nach Thailand bringen sollte. Als er dort ankam, warnte er die Novizen: „Seid vorsichtig! Zerbrecht meine Teetasse nicht! Und ihr Laien, passt bloß auf! Hier drin ist es etwas sehr Zerbrechliches!" So ging das die ganze Zeit, Leiden wegen der Anhaftung an eine Tasse.

Eines Tages nahm ein Novize die Teetasse schließlich an sich. Sie glitt ihm aus der Hand und zerbrach. Was für ein Gefühl der Erleichterung für den Saṅgharaja: „Ah, nach all den Jahren des Leidens bin ich nun frei!"

19

Dahinschwinden

> Vergänglich sind alle bedingten Dinge,
> es entspricht ihrer Natur, zu entstehen und zu vergehen.
> Sie kommen zum Vorschein und verschwinden wieder.
> Ihr Erlöschen ist höchste Seligkeit.

Bestattungsrezitation

Der Buddha lehrte uns, den Tod zu verstehen – zu verstehen, dass es nun einmal so ist, wie es ist. Das Leben ist unsicher, und wenn wir das erkennen, verliert die Welt an Attraktivität. Wenn wir von dieser Welt gehen, wird der, der viel besitzt, viel zurücklassen, und wer wenig besitzt, wird wenig zurücklassen. Niemand kann etwas behalten. Wenn Du viel Geld und viel Grundbesitz hast, magst Du Dir sagen: „Ich hinterlasse das Erbe meinen Kindern." Aber Deine Kinder werden es ebenfalls nicht behalten können; eines Tages werden sie es wieder jemandem überlassen müssen. Alle Dinge haben nur innerhalb dieser Grenzen und in diesem Bereich des Ungewissen Bestand. So ist die Welt.

In unserer thailändischen Kultur glaubt man, dass der Tod eines Menschen die Zeit sei, in der man eine Menge Verdienste erwerben könne. Aber es ist viel wichtiger, durch die eigene Lebensweise Verdienste zu erwerben. Indem du zu echtem Verständnis gelangst und deinen Lebensstil so änderst, dass du dich an ethischen Grundsätzen orientierst, wirst du dir echte Verdienste erwerben und somit etwas von echtem Wert.

Wenn Du intensiv über das Leben und den Tod nachdenkst, wirst Du erkennen, dass sie wie Mangos sind, die auf einem Baum wachsen. Die Früchte reifen heran und fallen auf den Boden. Wenn das geschehen ist, sehnen sich die Mangos weder nach dem Baum, noch macht sich der Baum Sorgen über die Mangos.

Genauso ist unser Leben. Wenn wir das verstehen, werden wir uns davor hüten, achtlos zu sein. Vielmehr werden wir uns darauf fokussieren, wie wir unser Leben einrichten wollen, wie wir unsere Zeit verbringen und was wir praktizieren wollen.

Wir wollen frei von Leiden sein. Aber obwohl wir das Leid aus unserem Herzen verbannen wollen, leiden wir. Warum ist das so? Es liegt am falschen Denken. Wenn sich unser Denken im Einklang damit befindet, wie die Dinge sind, dann geht es uns gut. Den Dhamma zu praktizieren bedeutet, nach rechtem Verständnis zu suchen. Schauen wir uns zum Beispiel unseren Körper an. Gehört er wirklich uns? Er wurde geboren, er verändert sich und stirbt ganz von allein. Wir können ihn nicht in seinem Tun aufhalten; wir können ihm nicht vorschreiben, so oder so zu sein. Also forschen wir weiter und halten uns dabei streng an die Fakten: Wir fragen uns, ob das wirklich zutrifft und erkennen, dass wir nicht die Macht besitzen, diesen vergänglichen Körper entsprechend unserer Wünsche zu beherrschen. Wird das erkannt, verändert sich der Geist und tritt in den Dharma ein. Wenn wir kontinuierlich die Natur der *Saṅkhāras* betrachten, werden wir sehen, dass unser Körper völlig unzuverlässig ist. Dies führt uns zur Edlen Wahrheit des Leidens.

Wir haben jedoch schreckliche Angst. Wenn wir aufgefordert werden, uns mit dem Tod zu befassen, fürchten wir uns davor. Wenn wir Belehrungen über die Vergänglichkeit, das Leiden und das Nicht-Ich erhalten, dann wollen wir nicht zuhören. Der Buddha betonte jedoch, dass wir uns mit diesen Themen auseinandersetzen und sie kontemplieren sollten. Aber die Leute haben solche Angst. Sie wollen die Geburt, nicht aber den Tod. Sie wollen nur die guten Dinge. Das ist ziemlich dumm. Verstehst du das? Denke bitte einen Moment lang intensiv darüber nach.

Die Lehre besagt: „Unbeständig sind alle konditionierten Phänomene, sie entstehen und vergehen entsprechend ihrer Natur." Was ist denn diese Vergänglichkeit überhaupt? Diese *konditionierten Phänomene* sind das, was in eben diesem Moment hier sitzt. Wir alle werden dasselbe Schicksal erfahren, ohne jede Ausnahme. Aber wir wollen es nicht wahrhaben und hinterfragen es nicht einmal.

Tatsächlich gibt es nichts Besseres, als dies wirklich zu hinterfragen. Derzeit erforschen die Ärzte den Krebs. Offenbar finden sie aber kein verlässliches Heilmittel. Weshalb versuchen sie stattdessen nicht, die Krankheit des Todes zu heilen? Die Krankheit des Todes ist viel furchterregender als der Krebs. Als ich im Ausland war, hatte ich mit ein paar Ärzten eine

Diskussion darüber: Bei der Todeskrankheit handelt es sich doch um etwas, wofür man sich wirklich interessieren sollte. Warum habt ihr darüber nicht geforscht? Wenn wir das kontemplieren, werden wir beginnen, uns weniger unheilsam zu verhalten. Die Menschen fürchten sich vor Krebs. Doch die Krankheit des Alterns ist schlimmer als Krebs. Die Krankheit des Todes steht jedem Lebewesen bevor. Diejenigen mit Krebs werden sterben. Diejenigen ohne Krebs werden sterben. Es ist also die Krankheit des Todes, die vor allem analysiert werden muss.

Wenn wir Menschen beibringen, wie man sich auf den Tod besinnt, dann antworten sie: „Sprich nicht darüber! Wenn Du über den Tod sprichst, will keiner damit etwas zu tun haben!" So zu denken ist wirklich falsch. Denn diese Krankheit ist die chronische Krankheit des Lebens. Der Buddha wollte, dass wir hinschauen und begreifen, dass alle Wesen ohne Ausnahme in dieser Lage sind. Das ist die Wahrheit. Folglich lehrte er, dass wir dies nicht vergessen und uns keine Illusionen darüber machen sollten. Besinnst du dich regelmäßig auf den Tod, dann wirst du aufhören, andere zu verletzen. Du wirst erkennen, dass es keinen Sinn macht, Böses zu tun und es nach unserem Tod in die nächste Existenz mitzunehmen. Das kann für dich, für deine Familie und die Gesellschaft von Nutzen sein.

Wer früher viele schlechte Dinge getan hat, wird sich bemühen, sich von alten Gewohnheiten zu befreien. Unheilsame Handlungen die wir noch nicht begangen haben, werden wir künftig vermeiden wollen. Die Befleckungen des Geistes werden stufenweise abnehmen. Und wenn wir dann versuchen, andere zu unterweisen, werden wir mit gutem Beispiel vorangehen und wirklich in der Lage sein, ihnen zu helfen.

Stell Dir einen zu Tode verurteilten Menschen vor: In vierzehn Tagen oder in einem Monat wird er vor dem Erschießungskommando stehen. Wie würden wir die Zeit nutzen, wenn uns ein solches Schicksal bevorstünde? Was würden wir denken? Überleg dir das einen Moment – was ginge dir durch den Kopf? Du könntest wahrscheinlich Salz essen und würdest nicht einmal den salzigen Geschmack wahrnehmen.

Eines Tages werden wir sterben. Der genaue Zeitpunkt ist noch nicht festgelegt. Vielleicht wird es morgen, vielleicht übermorgen sein. Vielleicht auch viel später. Das macht uns allen deutlich bewusst, dass wir einem zum Tode Verurteilten gleichen – einem Verbrecher, der im Gefängnis dahinsiecht und darauf wartet, dass man ihn zur Hinrichtung abholt; oder wie

Kühe auf dem Schlachthof, die eine rote Markierungen an der Seite haben: Heute wird diese geschlachtet, morgen jene, am Tag darauf wieder eine andere. Wir gleichen dieser Herde Kühe. Würdest du in dieser Lage also herumalbern, Lieder singen und dich amüsieren?

Das ist genau die Situation, in der wir uns befinden. Deshalb lehrte uns der Buddha, das zu tun, was uns zum Nutzen gereicht. Nicht mit den Mitteln materiellen Reichtums, sondern vielmehr mit den Anstrengungen des Körpers und der Rede, sowie mit der Energie des weisen Erkennens. Jeden Tag sollten wir mindestens eine verdienstvolle Handlung vollbringen, und sei es auch nur ein Zeichen freundlicher Zuneigung einem Tier gegenüber. Lass keinen Tag vergehen, ohne etwas von dauerhaftem Wert zu schaffen.

Das Leben aller Wesen ist unsicher. Haben wir das verstanden, können wir viel entspannter in dieser Welt leben. Die Hochs und Tiefs der Ereignisse müssen wir dann nicht mehr so ernst nehmen. Wir sind nicht mehr aufgebracht, enttäuscht oder ängstlich und wir verlieren uns auch nicht mehr im Entzücken angesichts schöner Ereignisse. Ob wir nun leben oder sterben: Mit unseren guten Taten haben wir uns einen sicheren Hafen geschaffen.

Natürlich musst du praktizieren, solange du noch am Leben bist. Wenn dir nahegebracht wird, Gutes zu tun und noble Eigenschaften zu entwickeln, dann arbeite jetzt daran und du wirst die entsprechenden Ergebnisse bekommen. Wenn du gestorben bist, ist es zu spät, dann kommt nur noch die Beerdigung. Wenn du gestorben bist, dann kommen die anderen, um dir die letzte Ehre zu erweisen; du bist dann nur noch ein Objekt, an dem sie sich ihre Meriten verdienen können. Der Verdienst, den du hattest, ist dann aufgebraucht. Doch wenn du ihn weiterhin jetzt zu Lebzeiten erwirkst, wird er sich nicht so schnell erschöpfen.

20

Ein schwacher Trost

Ajahn Chahs Mönche blicken Krankheit und Tod ins Gesicht

DIE TATSACHE UNSERER STERBLICHKEIT offenbart ganz klar die drei Daseinsmerkmale – Vergänglichkeit, Unzulänglichkeit und das Nichtvorhandensein eines Selbst. Diese Kontemplation ist jedoch keine Studie in Sachen Morbidität. Ein ehrliches Gewahrsein des Todes kann uns zum Todlosen führen, genauso wie ein ehrliches Gewahrsein des Leidens uns über das Leiden hinausführen kann. Und die Erkenntnis dessen, was uns an das Weltliche bindet, kann uns in die Freiheit führen.

Im Allgemeinen wird der Tod in buddhistischen Kulturen, wie zum Beispiel der thailändischen, eher akzeptiert als im Westen. Besonders im klösterlichen Umfeld schenkt man diesem Thema große Beachtung. Ajahn Chah sprach auf verschiedene Weise und mit unterschiedlichen Menschen über den Tod, genauso wie er es mit anderen Aspekten des Dharma getan hat. Wenn Menschen eine etwas edlere Gesinnung haben, so sagte er, dann kannst du sie knuffen, um sie aufzuwecken. In den frühen Jahren in Wat Pah Pong erkrankten die Mönche oft an Malaria. Es gab keine Behandlungsmöglichkeiten, und die meisten Mönche wurden sehr krank. Er sprach oft davon, wie er die Mönche ermutigte, der Situation ins Auge zu schauen: „Eines Nachts, so gegen neun Uhr, hörte ich jemanden draußen im Wald herumspazieren. Wir litten alle an Malaria, aber einen der Mönche hatte es besonders arg erwischt. Er litt unter extrem hohem Fieber und hatte Angst zu sterben. Er wollte aber nicht allein da draußen im Wald sterben. Ich sagte: ‚Das ist gut so. Lasst uns jemand finden, der nicht krank ist, damit dieser auf den Kranken aufpassen kann. Denn wie kann sich ein kranker Mensch um jemanden kümmern, der ebenfalls krank ist?' Das war's dann auch schon, denn wir hatten ja keine Medizin.

Wir hatten nur *Borapet* (ein furchtbar bitteres Rankengewächs). Wir kochten es auf, um es zu trinken. Das war bereits alles, was wir hatten, sowohl als Erfrischungsgetränk als auch als Medizin. Alle hatten Fieber und alle tranken Borapet. Wenn ein Mönch sehr krank wurde, dann riet ich ihm:

„Hab keine Angst. Mach dir keine Sorgen. Wenn du stirbst, werde ich dich höchstpersönlich verbrennen. Ich werde dich genau hier im Kloster verbrennen. Dein Leichnam muss nirgendwo anders hin." Auf diese Weise bin ich damit umgegangen. Diese Worte gaben ihrem Geist Kraft und Energie."

21

Der Buddha ist nicht gestorben

Lasst uns angemessen über unsere Sterblichkeit meditieren. Wir meditieren und schauen sie uns an, bis wir etwas tiefer darüber nachdenken können – wie wird sich zum Beispiel unsere Existenz von diesem Moment an verändern? Was können wir da tun?

Narren weinen angesichts des Todes. Sie weinen nicht angesichts der Geburt. Doch wo kommt der Tod her? Ist er denn nicht durch die Geburt bedingt? Wenn du weinst, weil Menschen im Sterben liegen, solltest du auch weinen, wenn sie geboren werden. Sobald jemand geboren wird, fang sofort an zu weinen: „Oh nein, sie ist wiedergeboren worden! Sie wird wieder sterben!“ Sprich so darüber, denn auf diese Weise ist es stimmiger.

Aber jetzt versuchen wir mit Dingen wie Magie, Gebeten und Beschwörungen aller Art, den Tod abzuwenden. Was soll das Ganze? Warum lösen wir das Problem nicht am Entstehungsort, nämlich bei der Geburt? Das ist wie bei einem Boxer, dem die Zähne ausgeschlagen werden und der sich dann duckt. Du musst dich ducken, bevor sie dich verdreschen. Deshalb lehrte der Buddha, dass diese Dinge allesamt nutzlos sind.

Und er lehrte, dass wir, nachdem wir einmal geboren sind, einen Weg finden sollten, um dem Tod zu entkommen. Der Buddha ist nicht gestorben! Die *Arahants* (diejenigen, die Befreiung erreicht haben) sterben nicht! Sie sterben nicht so, wie es Menschen und Tiere tun. Wenn der Tod zu ihnen kommt, strahlen sie übers ganze Gesicht. Sie sind völlig gelassen, denn sie sterben nicht. Dies können die meisten Menschen nicht verstehen. Sie sehen es einfach nicht. Der Buddha ist nicht gestorben. Die Arahants sterben nicht. Erde, Wasser, Feuer, Luft – die vier Elemente – teilen sich einfach auf; darin findet sich keine Person. Also sagen wir, dass die Erwachten nicht sterben. Sie werden nicht geboren, sie altern nicht, sie werden nicht krank und sie sterben nicht. Gier, Hass und Verblendung werden nicht mehr in ihnen geboren. Bereits zu Lebzeiten gehören ihre Körper ihnen schon nicht mehr. Da sind nur Haufen von Erde, Wasser, Feuer und Luft, und dann trennen sich jene Dinge einfach voneinander und lösen sich auf. Sie klammern sich nicht an den Glauben, dass da eine Person in ihnen sei. Solche Dinge kümmern sie nicht, also sagen wir, dass sie nicht sterben. Aber wir sind von diesen Haufen abhängig. Wir bezeichnen sie als „Person". Wir glauben, dass sie uns selbst und andere ausmachen, und wenn sie auseinanderfallen, dann denken wir, dass wir sterben. Folglich leiden wir. Die Erwachten leiden nicht darunter. Sie bezeichnen es als Schmutz, als einen Haufen Dreck! Indem sie ganz deutlich sehen, dass es da nur Erde, Wasser, Feuer und Luft gibt, überwinden sie den Tod.

22

Geburt, Tod und Erleuchtung

Ajahn Chah und der Bodhi-Baum

Aus Anlass der Vesakha Pūja, des buddhistischen Feiertags, an dem der Geburt, der Erleuchtung und des Todes des Buddha gedacht wird, sagte Ajahn Chah einmal: „Wir können sagen, dass der Buddha, als er die Erleuchtung erreichte, für den weltlichen Weg starb und als ein Buddha geboren wurde. Die Bedeutung der Vesakha Pūja liegt in dieser einen Tatsache seiner Erleuchtung; es gab keine drei separaten Ereignisse, derer wir gedenken."

Jemand erzählte Ajahn Chah einmal etwas über einen Freund, der bei einem Zen-Lehrer praktizierte und diesem die Frage gestellt hatte: „Als der Buddha unter dem Bodhi-Baum saß, was hat er da eigentlich gemacht?" Der Zen-Meister antwortete: „Er hat *Zazen* praktiziert!" Doch der Mann entgegnete: „Das glaube ich nicht."

Der Zen-Meister fragte ihn: „Was meinst du damit, dass du es nicht glaubst?" Der Mann antwortete: „Ich habe Goenka-ji (ein berühmter indischer Vipassanā-Lehrer) genau dieselbe Frage gestellt und er hat geantwortet: „Als der Buddha unter dem Bodhi-Baum saß, hat er Vipassanā praktiziert!" Alle scheinen zu sagen, das der Buddha das tat, was sie selbst praktizieren."

Ajahn Chah sagte dazu: „Wenn der Buddha auf einer offenen Wiese saß, dann saß er unter dem Bodhi-Baum. Wenn er unter irgendeinem anderen Baum saß, dann saß er ebenfalls unter dem Bodhi-Baum. An diesen Erklärungen ist nichts verkehrt. *Bodhi* ist der Buddha selbst – derjenige, der weiß. Es ist in Ordnung, darüber zu sprechen, dass man unter dem Bodhi-Baum sitzt, aber viele Vögel sitzen ebenfalls darunter. Viele Menschen sitzen unter dem Bodhi-Baum. Affen spielen im Bodhi-Baum herum. Aber das bedeutet nicht, dass sie über ein tiefergehendes Verständnis verfügen.

Diejenigen, die ein tieferes Verständnis besitzen, erkennen, dass die wahre Bedeutung des „Bodhi-Baums“ der absolute Dharma ist.

So gesehen ist es zweifellos gut für uns, wenn wir versuchen, unter dem Bodhi-Baum zu sitzen. Dann können wir Buddha sein. Aber wir brauchen nicht mit anderen über diese Frage zu streiten. Wenn eine Person sagt, dass der Buddha eine bestimmte Praxis unter dem Bodhi-Baum ausübte und eine andere Person dies infragestellt, müssen wir uns nicht einmischen. Wir sollten dies vielmehr vom endgültigen Standpunkt aus betrachten, d. h., die Wahrheit in uns verwirklichen. Es gibt natürlich auch die herkömmliche Vorstellung vom „Bodhi-Baum“, von der die meisten Menschen sprechen. Aber wenn sie am Ende nur darüber streiten und hitzige Debatten führen, dann gibt es überhaupt keinen Bodhi-Baum mehr.“

Teil Vier:

ANATTA – NICHT-SELBST

23

Üben wie die vier Elemente

Ein Stadtmensch, der vielleicht eine Vorliebe für Pilze hat, fragt: „Wo kommen die Pilze her?“, und jemand antwortet ihm: „Sie wachsen in der Erde.“ Also nimmt er sich einen Korb und wandert in die Natur hinaus, in der Erwartung, dass die Pilze sich an der Landstraße aufgereiht haben, sodass er sie nur noch einsammeln muss. Aber er geht und geht, steigt auf Hügel hinauf und durchstreift die Felder, ohne einen einzigen Pilz zu Gesicht zu bekommen. Eine Dorfbewohnerin ist bereits Pilze suchen gegangen, und sie weiß, wo man welche findet. Sie weiß genau, in welchen Teil des Waldes sie gehen muss. Aber der Stadtmensch hat bislang nur die Erfahrung von Pilzen auf seinem Teller gemacht. Er hat gehört, dass sie in der Erde wachsen und ihm kam die Idee, dass sie leicht zu finden seien. Aber so hat das natürlich nicht funktioniert.

Ähnliches geschieht, wenn wir den Geist in Samādhi (meditativer Sammlung) üben: Wir unterliegen der Vorstellung, es sei leicht. Doch wenn wir uns hinsetzen, dann schmerzen uns die Beine und der Rücken, wir fühlen uns müde, oder es wird uns heiß und juckt überall. Dann sind wir entmutigt und glauben, dass wir von der Sammlung weiter entfernt seien als der Himmel von der Erde. Wir wissen nicht, was wir tun sollen und fühlen uns von den Schwierigkeiten überwältigt. Wenn wir jedoch etwas Schulung erhalten können, wird es nach und nach leichter werden.

Samādhi zu üben ist nicht ganz einfach, besonders, wenn wir Anfänger sind. So ziemlich alles ist schwierig, wenn wir nicht wissen, wie wir es angehen sollen. Doch wenn wir üben, kann sich das ändern. Was zweckdienlich ist, kann schließlich das überwinden und überflügeln, was nicht zweckdienlich ist. Wir neigen dazu, mutlos zu werden, während wir uns abmühen. Das ist eine normale Reaktion – wir alle machen das durch. Deshalb ist es wichtig, über längere Zeit zu üben. Wenn wir einen Weg durch den Wald anlegen wollen, müssen wir zunächst eine Menge von Hindernissen beseitigen. Aber wenn wir immer wieder dorthin zurückkehren, dann machen wir den Weg frei. Nach einer Weile haben wir die Äste und Baumstümpfe entfernt, und der Untergrund wird von unserem wiederholten Auf- und Ablaufen fest und glatt. Dann haben wir einen guten Pfad, auf dem man durch den Wald gehen kann. Wenn wir unseren Geist schulen, verhält es sich ganz genauso. Wenn wir dabeibleiben, wird der Geist hell und leuchtend. Der Buddha und seine Schüler waren einst ganz gewöhnliche Wesen, aber sie entwickelten sich immer weiter und gingen durch die verschiedenen Stufen der Erleuchtung hindurch. Das brachten sie durch viel Übung zustande.

Wie lautete der Ratschlag des Buddha für die Meditationspraxis? Er lehrte, wie die Erde zu praktizieren, wie Wasser zu praktizieren, wie Feuer zu praktizieren, wie Wind zu praktizieren. Wie „die alten Dinge" zu praktizieren, die Dinge, aus denen wir bereits gemacht sind: das feste Element der Erde, das flüssige Element des Wassers, das wärmende Element des Feuers, das bewegende Element des Windes.

Wenn jemand die Erde umgräbt, dann macht das der Erde nichts aus. Sie kann geschaufelt, bebaut oder bewässert werden. Verfaulte Dinge können in ihr vergraben werden. Die Erde wird trotzdem völlig indifferent bleiben. Wasser kann gekocht, gefroren oder zum Waschen benutzt werden; es wird davon nicht beeinflusst. Mit Feuer kann man schöne und wohlriechende Dinge verbrennen oder hässliche und stinkende – es macht dem Feuer nichts aus. Wenn der Wind bläst, dann bläst er über alle möglichen Dinge – ob frisch oder verfault – völlig bedenkenlos hinweg.

Der Buddha benutzte diese Analogie. Was wir sind, ist schlichtweg eine Ansammlung der Elemente Erde, Wasser, Feuer und Luft. Wenn du versuchst, dort eine reale Person zu finden, dann ist das vergebens. Da gibt es nur diese Ansammlungen von Elementen. Doch unser ganzes Leben lang haben wir nie daran gedacht, sie auf diese Weise voneinander zu trennen, um zu sehen, was wirklich hinter den Gedanken „das bin ich, dies ist meins" steckt. Wir haben ständig alles in der Form eines Selbst gesehen und nie wahrgenommen, dass es da nur Erde, Wasser, Feuer und Luft gibt. Aber dies ist die Art, wie der Buddha lehrt. Er spricht über die vier Elemente und fordert uns auf zu erkennen, dass wir nur dies sind. Da sind Erde, Wasser, Feuer und Luft; es gibt hier keine Person. Kontempliere diese Elemente, damit du siehst, dass es da kein Wesen oder Individuum gibt, sondern nur Erde, Wasser, Feuer und Wind.

Das ist tiefgründig, nicht wahr? Es ist tief im Innern verborgen – die Leute schauen hin, doch sie können es nicht sehen. Wir sind es gewohnt, die ganze Zeit im Sinne von „Selbst" und „anderen" zu denken. Deshalb ist unsere Meditation noch nicht sehr tief, deshalb dringt sie noch nicht zur Wahrheit vor und deshalb gelangen wir noch nicht über die bloßen Erscheinungen hinaus. Wir bleiben in weltlichen Konventionen stecken. In der Welt steckenzubleiben bedeutet, im Kreislauf der Transformation gefangen zu bleiben: Dinge zu bekommen und zu verlieren, sterben und geboren werden, geboren werden und sterben, im Reich der Verwirrung zu leiden. Was immer wir uns wünschen oder anstreben, funktioniert nicht so, wie wir es wollen, denn wir sehen die Dinge auf die falsche Weise. Mit dieser Art der klammernden Anhaftung sind wir tatsächlich immer noch sehr weit vom eigentlichen Dharma entfernt.

Lasst uns also jetzt gleich ans Werk gehen. Unsere Dharma-Praxis sollte uns über das Leiden hinaustragen. Falls wir das Leiden noch nicht vollkommen transzendieren können, sollten wir wenigstens in der Lage sein, es ein bisschen zu transzendieren, und zwar jetzt, in der Gegenwart. Wenn zum Beispiel jemand uns gegenüber harte Worte gebraucht und wir dann nicht ärgerlich werden, haben wir das Leiden hinter uns gelassen. Ärgern wir uns jedoch, sind wir noch nicht über Dukkha hinweg.

Wenn jemand uns gegenüber harte Worte gebraucht und wir über den Dharma reflektieren, werden wir erkennen, dass da nur Erdhaufen involviert sind. OK, er kritisiert mich – er kritisiert nur einen Haufen Erde. Ein Erdhaufen kritisiert einen anderen Erdhaufen. Wasser kritisiert Wasser. Luft kritisiert Luft und Feuer kritisiert Feuer.

Doch wenn wir die Dinge wirklich auf diese Weise sehen, werden uns die anderen wahrscheinlich für verrückt erklären: „Er regt sich über gar nichts auf. Er hat keine Gefühle!" Wenn jemand stirbt, sind wir nicht völlig aufgelöst und weinen nicht, und die Leute werden uns für verrückt halten.

Es kommt letztlich darauf an zu praktizieren und es für uns selbst zu verwirklichen. Über das Leiden hinauszugelangen hängt nicht davon ab, was andere über uns denken, sondern von unserem eigenen, individuellen Geisteszustand. Egal, was sie erzählen werden – wenn wir die Wahrheit persönlich erfahren, können wir entspannt und ohne Sorgen leben.

Sobald Schwierigkeiten auftauchen, vergegenwärtige dir den Dharma. Denke an das, was dich deine spirituellen Ratgeber gelehrt haben. Sie lehren, dich loszulassen, Zurückhaltung und Selbstkontrolle zu üben und Dinge einfach sein zu lassen. Sie unterweisen dich darin, deine Probleme so zu lösen. Der Dharma, den du studierst, ist ausschließlich dazu da, deine Probleme zu lösen.

Über was für Probleme sprechen wir hier überhaupt? Wie sieht es mit deiner Familie aus? Hast du dort irgendwelche Probleme? Hast du Probleme mit deinen Kindern, deinem Partner oder deiner Partnerin, deinen Freunden oder bei der Arbeit? All das bereitet dir manchmal Kopfschmerzen, nicht wahr? Das sind genau die Probleme, über die wir hier sprechen. Die Belehrungen sagen dir, dass du deine Alltagsprobleme mit Hilfe des Dharma lösen kannst.

Wir wurden als Menschen geboren. Es sollte möglich sein, mit einem zufriedenen Geist zu leben. Wir verrichten unsere Arbeit je nach unseren Verpflichtungen. Wenn die Dinge schwierig werden, dann praktizieren wir Geduld. Sich seinen Lebensunterhalt auf rechte Art und Weise zu verdienen, ist eine Form der Dharma-Praxis, und zwar die Praxis einer ethisch integreren Lebensweise. Wenn man auf diese Weise unbeschwert und harmonisch leben kann, hat man schon ziemlich viel erreicht.

Gewöhnlich nehmen wir jedoch einen Verlust in Kauf. Lass das nicht zu! Wenn du in ein Zentrum oder Kloster gehst, um dort zu meditieren, und anschließend zu Hause einen Streit anfängst, ist das definitiv ein Verlust. Hörst du, was ich sage? Es ist einfach nur ein Verlust, wenn man das tut. Es bedeutet, dass du den Dharma noch nicht einmal ein winziges bisschen verstanden hast – es gibt da überhaupt keinen Nutzen.

24

Unwissenheit

Ajahn Chah hält einen Spiegel hoch

Eine ehemalige Nonne erzählte die folgende Geschichte über ihre erste Begegnung mit Ajahn Chah. Nachdem sie viel über ihn gehört hatte, suchte sie ihn in der Hampstead-Vihāra in London auf, wo er sich 1979 für kurze Zeit aufhielt. Er fragte sie, ob sie Meditation praktiziere, und als sie sagte, sie habe bereits einige Klausuren absolviert, befragte er sie bezüglich ihres Verständnisses von *Anattā.*

Sie sagte: „Ich begann zu sprechen und gab diese langatmige, komplizierte Erklärung von mir. Ich redete immer weiter über das Nicht-Selbst, und während ich sprach, hatte ich das Gefühl, dass sich mein Ich-Gefühl ausdehnte wie ein großer Ballon."

Als sie geendet hatte, sagte Ajahn Chah ein paar Worte auf Thai.

„Was hat er gesagt?" fragte sie den Übersetzer.

Dieser erwiderte: „Er sagte, dass du sehr ignorant seist."

Anstatt sich aber dadurch verunglimpft zu fühlen, fühlte sich die junge Frau von Ajahn Chahs offensichtlicher liebevoller Zuwendung beim Sprechen dieser Worte angezogen. Denn kurze Zeit später reiste sie nach Thailand und ließ sich von Ajahn Chah ordinieren.

25

Nicht wir, nicht unseres

TRADITIONSGEMÄSS WERDEN DIE Halbmond-, Vollmond- und Neumondtage von Buddhisten als „Klostertage" oder Feiertage angesehen, in denen die Laiengemeinschaft den ganzen Tag im Kloster verbringt, um zu praktizieren und Belehrungen zu empfangen. Dies ist ein uralter buddhistischer Brauch. Unsere Vorfahren teilten den Monat so auf, dass 26 Tage für das Laienleben und vier Tage für die klösterliche Praxis vorgesehen waren. Das Laienleben bekommt also wesentlich mehr Tage zugewiesen.

Die Chance zu bekommen, uns im Dharma zu üben, ist wichtig für uns. Der Buddha sagte: „Die Tage und Nächte ziehen unaufhaltsam dahin; wie verbringen wir unsere Zeit?" Er hatte Sorge, dass wir vergesslich und achtlos würden, also erinnerte er uns daran, dass die Tage unablässig vergehen. Und es sind nicht nur die Tage, die vergehen – unser gesamtes Leben vergeht. Wir werden kontinuierlich älter und eines Tages wird es vorbei sein. Also warf der Buddha diese Frage auf: „Tage und Nächte vergehen erbarmungslos – wie gut verbringen wir unsere Zeit?"

Der Buddha ermahnte uns immer wieder, die Gegenwart zu kontemplieren: Wo kommen wir her? Warum sind wir hier? Was hat uns hierhergebracht und was wird uns weiterführen? Wissen wir, wie viele Monate oder Jahre uns noch bleiben? Wenn wir diesen Ort verlassen, wo werden wir hingehen?

Wenn wir uns das Vergehen der Tage und Nächte ins Bewusstsein rufen, werden wir diese Fragen ständig kontemplieren. Und wenn wir kontinuierlich darüber nachdenken, werden wir schließlich erkennen, dass das menschliche Leben nicht sehr lang ist. Wir werden von Kindern zu Erwachsenen und dann sind wir plötzlich alt. Die Transformation vollzieht sich jeden Tag. Indem wir dies betrachten, widmen wir unserem Leben und unseren Handlungen ernsthaft Aufmerksamkeit.

Daher haben unsere Vorfahren den Brauch geschaffen, dass man sich diese vier Tage im Monat als klösterliche Tage reserviert. 26 Tage sind Laientage, um weltliche Arbeit zu verrichten und seinen Lebensunterhalt zu verdienen. Nachdem man sich um seine geschäftlichen Verpflichtungen gekümmert hat, kann man die übrigen vier Tage nutzen, um in ein Kloster oder Dharma-Zentrum zu gehen und eine Pause einzulegen. Dort kannst du dir Belehrungen anhören und andere Perspektiven kennenlernen. Wenn du zuhause bist, ist alles, was du hörst und denkst: „Das sind wir. Jenes gehört uns." Alles dreht sich um „wir" und „uns". Man hört nie jemanden sagen: „Nichts gehört uns." Doch wenn du in ein Kloster gehst und dir einen Dharma-Vortrag anhörst, wird der Ajahn möglicherweise sagen: „Das sind wir nicht; jene Dinge gehören uns nicht."

Du fragst dich vielleicht: „He, worum geht's da eigentlich? Warum sagen sie so etwas? All diese Dinge gehören mit Sicherheit mir. Ich habe all die Jahre so hart gearbeitet, um sie zu bekommen. Lügt der Lehrer etwa? Warum sagt er, ‚das sind wir nicht, das gehört uns nicht'?" Du weißt anfangs nicht, was du davon halten sollst. Du weißt nicht, was du glauben sollst. Denn du hattest immer die Vorstellung im Kopf, dass „ich das bin und mir diese Dinge gehören".

Aber immer, wenn du ins Kloster kommst, hörst du dasselbe: „Das sind wir nicht; jenes gehört uns nicht." Der Konflikt geht weiter. Die Welt und der Dharma stehen im Konflikt zueinander. Die Welt wird ihre Sichtweise „Wir sind das, diese Dinge gehören uns" nicht aufgeben. Aber die Ajahns sagen dir immer wieder: „Das sind wir nicht. Diese Dinge gehören uns nicht."

Nachdem man diese Erinnerungsstützen regelmäßig bekommen und sich seine eigenen Erfahrungen angeschaut hat, erkennt man nach einiger Zeit, wie die Dinge in Wirklichkeit sind. Dann ändert sich das eigene Denken. Dann erkennt man, dass das, was die Ajahns euch erzählen, wahr ist. Aber wenn man nur ab und zu ins Kloster kommt und eine Belehrung hört, ist diese alsbald vergessen, wenn man wieder zu Hause ist. Da hört und denkt man wieder andere Dinge. Und so gehen der Kampf und die Dissonanz weiter. Es wird lange Zeit hin und her gehen, bis man die Wahrheit sieht und dann eine Entscheidung fällt. Die Verwirrung darüber, was nun wahr oder falsch ist, müssen wir wohl durchleben. Wenn man es jedoch gründlich reflektiert und darüber meditiert, dann kann das einem die Augen öffnen.

Sich den Dharma auf diese Weise anzuhören, ist äußerst wichtig. Im Laufe der Zeit wird er verinnerlicht werden, und du wirst anfangen, ernsthaft und beharrlich zu forschen. Indem du etwas über die Unzulänglichkeit der Welt lernst und dir deines Älterwerdens bewusst wirst, fängst du an, dir die Sache zu Herzen zu nehmen. Die meisten Menschen sträuben sich zunächst, solchen Dingen Gehör zu schenken, doch nach einiger Zeit haben sie vielleicht ein Einsehen. Dann realisieren sie, dass die Lehren wahr sind: Was man als „unseres" bezeichnet, ist nur eine Konvention. Was man als „Ich" bezeichnet, ist nur eine Konvention.

Denk an die Dinge, die du zu Hause hast. Geht da jemals etwas verloren oder kaputt? Verändern sie sich? Das ist nur ein Beispiel, um dir die Augen zu öffnen. Wenn sie dir gehören, warum tun sie dann nicht, was du ihnen sagst? Abgesehen von den äußeren Besitztümern – wie sieht es mit deinem eigenen Körper aus? Warum wirst du krank? Wenn du deinen Körper wirklich besäßest, warum solltest du ihn dann krank werden lassen? Der Körper ist nur Erde, Wasser, Feuer und Luft. Aber nachdem wir in diesen Körper hineingeboren wurden, glauben wir, dass er uns gehört. Folglich ringen wir ständig mit ihm, wie mit allem, was unbeständig ist. Aber nie im Leben können wir diesen Kampf gewinnen. Wir erleiden immer wieder Niederlagen und am Ende trennen wir uns davon. Wir können den Zeitpunkt unseres Todes nicht verhandeln. Wir können nicht sagen: „Lass meine Kinder erst mal erwachsen werden. Lass mich zunächst gutes Geld verdienen." Das ist nicht möglich. Wenn der Moment kommt, dann war's das. „Aber was wird aus meiner Familie werden? Wer wird meine Partnerin und die Kinder unterstützen? Wer wird sich um meine Eltern kümmern?" Es hat keinen Sinn. Dem Tod sind solche Fragen völlig egal.

Wenn wir uns dies bewusst machen, dann werden wir uns dem Dharma annähern und uns richtig auf ihn einlassen. Es ist so, als würdest du eine Giftschlange – zum Beispiel eine Kobra – sehen, die sich über den Weg schlängelt. Sie besitzt eine Menge Gift, und wenn wir nicht wissen, worum es sich handelt oder wir sie nicht sehen, dann sind wir nicht vorsichtig genug und könnten auf sie treten und gebissen werden. Wir wissen aber, was eine Kobra ist. Wir wissen, dass sie giftig ist. Wenn wir eine kommen sehen, dann erkennen wir sie und kommen ihr nicht zu nahe. Wir halten uns in sicherer Entfernung und bleiben so unverletzt. Obwohl die Schlange giftig ist, hat das keine Auswirkungen auf uns. Wir lassen sie in Ruhe und schützen uns. Das Gift ist immer noch da, aber es ist so, als wäre es nicht mehr vorhanden, und daher müssen wir nicht leiden.

Auf die gleiche Weise erkennen wir, was schädlich ist, und halten uns davon fern. Körper und Geist sind selbst eine Art Giftschlange. Hast du das je bemerkt? Wenn dein Körper gesund und stark ist, dann bist du nicht zu bändigen: „Oh ja, die Sterne stehen heute günstig für mich!“ Aber manchmal wirst du von Krankheit oder Schmerz gepeinigt und beginnst zu jammern: „Oh Mann, was für ein Karma muss ich erleiden?“ Dies ist eine giftige Schlange.

Für den Geist gilt genau dasselbe. Wenn die Dinge gut laufen, freust du dich und hast das Gefühl, dass das Leben gar nicht so schlecht sei. Dann verärgert dich etwas und es raubt dir vielleicht sogar den Schlaf. Du liegst im Bett und weinst bitterlich. So giftig kann es werden. Die Schlange beißt uns, aber wir sind uns dessen überhaupt nicht gewahr.

Der Buddha wollte, dass wir den Dharma studieren, um unseren eigenen Körper und Geist wirklich kennenzulernen. Im Kloster rezitieren wir allmorgendlich: „Die körperliche Form ist unbeständig. Die Empfindung ist unbeständig. Die Wahrnehmung ist unbeständig. Das Denken ist unbeständig. Das Bewusstsein ist unbeständig.“ Und dann folgt: „Die körperliche Form ist kein Selbst und gehört einem nicht,“ und so weiter für die anderen Aggregate (*khandhā*). In Körper und Geist gibt es nichts anderes als Vergänglichkeit. Darin ist nichts, was wir sind oder was uns gehört. Existierend und dann verschwunden, erscheinend und wieder vergehend. So ist das nun mal, zu jeder Zeit – überall.

Manche hören die Worte: „Nichts gehört mir,“ und glauben dann, dass sie all ihre Besitztümer wegwerfen sollten. Weil diese Menschen nur ein oberflächliches Verständnis besitzen, streiten sie über die Bedeutung dieser Worte und wie man sie anwenden sollte. Sie sollten jedoch sorgfältig kontempliert werden. „Dies ist nicht mein Selbst“ bedeutet nicht, dass man seinem Leben ein Ende bereiten oder all seinen Besitz wegwerfen sollte. Es bedeutet, dass man das Anhaften aufgeben sollte.

Es gibt die Ebene der konventionellen Realität und die Ebene der endgültigen Realität – Vermutung und Befreiung. Auf der konventionellen Ebene gibt es Herrn A., Frau B., Herrn M., Frau N., und so weiter. Wir nutzen solche Formalitäten aus Gründen der Zweckdienlichkeit, um in der Welt kommunizieren und funktionieren zu können. Der Buddha lehrte nicht, dass wir diese Dinge nicht nutzen sollten, sondern dass wir ihnen nicht als etwas letztendlich Reales anhaften sollten. Wir sollten erkennen, dass sie leer sind.

Wenn wir nur oberflächlich hinschauen, dann erscheinen uns die Dinge völlig real. Aber wenn wir sie gründlich bis ins Innerste hinein untersuchen, dann sind sie nur das: nur Körper, nur Geist, nur Glück, nur Leid. Das ist schon alles. Wenn wir diese Dinge nicht verstehen, werden sie letztlich giftig wie eine Kobra. Diese Kobra kann uns töten, wenn wir aufgrund unserer Unwissenheit entweder auf sie treten oder sie hochnehmen.

Wenn sich unser Geist sich seiner Begierden und Befleckungen nicht bewusst ist, dann leiden wir. Das kann uns eine Menge Verwirrung und Konflikte bescheren. Wenn der Körper seinen natürlichen Veränderungsprozess durchläuft, dann weinen und jammern wir. Dies sind die Giftschlangen von Körper und Geist.

Die schrecklichen Leiden, welche die Menschen erleben, sind nur die Produkte ihres eigenen Geistes. Manche Menschen sind sehr ängstlich. Das kommt daher, dass sie ihrem Geist völlig freien Lauf lassen und exzessiv über Dinge nachdenken. Wenn sie sich allein an einem finsteren Ort befinden, dann sind sie entsetzt, denken sofort an Gespenster und springen auf und davon. Es ist nur das Denken, dass sie davonrennen lässt. Der unwissende Geist lässt seine Gedanken auf diese Art und Weise wuchern. Zwar sind wir das nicht, er gehört uns auch nicht und ist in keiner Weise verlässlich – aber er kann geschult werden. Wenn man unerschrocken ist, wird man anders denken, mutiger sein und Angstgefühle vertreiben.

Also noch einmal, wir haben 26 Tage für das weltliche Leben und vier Tage, um ins Kloster zu kommen und dort zu üben. Wenn wir nicht in ein Kloster oder Zentrum gehen können, dann sollten wir wenigstens verstehen, was deren Zweck ist, und unsere Praxis zu Hause weiterführen. Es ist gut, das Prinzip der „Klostertage" nicht zu vergessen. Du hast viele Tage zur Verfügung, um dich um deine persönlichen Angelegenheiten zu kümmern. Unterbrich also gelegentlich die Arbeiten, die dem Broterwerb dienen, und widme stattdessen deine Zeit der Schulung des Herzens. Nachdem du Belehrungen empfangen und entsprechend praktiziert hast, kannst du zu deinem Alltagsleben zurückkehren. Sollte dein Herz verwirrt und beunruhigt sein, kehrst du zur Übung zurück. Und dann geht's wieder zurück an die Arbeit. Auf diese Weise lernst du, deinen Weg in der Welt zu gehen, und zwar auf die korrekte Art, sodass du deinen Lebensunterhalt ohne allzu viel

Stress verdienen kannst. Schließlich wirst du die Vergänglichkeit verstehen. Du siehst, dass, das Haften an vergänglichen und unsicheren Phänomenen am Ende immer zu unbefriedigenden Resultaten führt.

Das ist also die traditionelle Aufteilung, die uns von weisen Menschen übermittelt wurde: vier Tage pro Monat für spirituelles Training zu reservieren. Diese vier Tage sind eine Zeit der Kontemplation, eine Zeit, um Vorträge zu hören, darüber nachzudenken und zu meditieren. Verwendete man alle 30 Tage für das weltliche Leben, würde das wahrscheinlich zu mehr Schwierigkeiten führen. Sechsundzwanzig sind genug.

26

Sei kein Buddha

Egal, welche Art von Dharma wir erlernen, wenn wir nicht die endgültige Wahrheit in unserem Herzen verwirklichen, werden wir keine Befriedigung erlangen.

Ein Apfel ist etwas, was man mit eigenen Augen sehen kann. Man kann den Geschmack des Apfels nicht erfahren, indem man sich ihn nur anschaut. Man sieht zwar den Apfel aber nicht seinen Geschmack – und doch ist er ist vorhanden. Man kann ihn nur erleben, wenn man den Apfel nimmt und hineinbeißt.

Der Dharma, den wir lehren, ist wie der Apfel. Durch bloßes Zuhören können die Menschen seinen Geschmack nicht wirklich kennenlernen. Setzen sie ihn jedoch in die Praxis um, kann er erkannt werden. Der Geschmack des Apfels kann nicht mit den Augen und die Wahrheit des Dharma nicht mit den Ohren erfahren werden. Es gibt zwar Wissen – das ist wahr – aber es erreicht nicht die Wirklichkeit. Man muss es in die Praxis umsetzen. Dann entsteht Weisheit und man erkennt unmittelbar die letztendliche Wahrheit. Man sieht dort den Buddha. Also vergleiche ich es auf diese Weise mit einem Apfel.

Um seinen Schülern zu helfen, den Dharma zu realisieren, lehrte der Buddha einen einzigen Pfad, jedoch mit verschiedenen Ansätzen und Merkmalen. Er benutzte nicht nur eine Lehrmethode, und er präsentierte den Dharma auch nicht für alle auf dieselbe Weise. Doch er lehrte mit der einzigen Zielsetzung, die letztendliche Wahrheit zu verwirklichen und das Leiden zu überwinden. Alle Meditationen, die er lehrte, verfolgten nur diesen einen Zweck.

Fragen und Antworten

Schüler: Manche Menschen glauben, der Buddhismus sei nihilistisch und wolle die Welt zerstören.

Ajahn Chah: Das Verständnis dieser Menschen ist weder vollständig noch ausgereift. Sie haben Angst, dass alles vorbei sei, dass die Welt untergehen wird. Sie begreifen den Dharma als etwas Leeres und Nihilistisches, folglich sind sie niedergeschlagen, wenn sie ihn hören. Aber ihr Weg führt nur zu Tränen.

Hast du gesehen, wie das ist, wenn die Leute vor der „Leerheit" Angst haben? Menschen, die einen Haushalt führen, versuchen Besitz anzusammeln und darüber zu wachen wie die Ratten. Beschützt sie das vor der Leerheit der Existenz? Sie enden trotzdem auf dem Friedhof und verlieren letztlich all ihren Besitz. Aber solange sie leben, versuchen sie, an den Dingen festzuhalten, haben jeden Tag Angst, dass sie ihnen verloren gehen könnten und versuchen, Leerheit zu vermeiden. Leiden sie deswegen? Selbstverständlich, sie leiden wirklich sehr. Und zwar, weil sie die wirkliche Substanzlosigkeit und Leerheit der Dinge nicht verstehen. Da die Menschen dies nicht verstehen, sind sie nicht zufrieden.

Weil sie sich nicht selbst betrachten, haben sie keine wirkliche Ahnung, was los ist im Leben. Wie stellt man diese Selbsttäuschung ab? Die Leute glauben: „Dies bin ich. Das ist meins." Wenn man ihnen etwas über das Nicht-selbst erzählt – dass nichts mir gehört oder meins ist – dann wollen sie sofort mit Argumenten dagegenhalten.

Sogar der Buddha spürte Überdruss im Herzen, als er sich unmittelbar nach seinem Erwachen damit befasste. Er glaubte zunächst, dass es zu schwierig wäre, anderen Menschen den Weg zu erklären. Aber dann erkannte er, dass eine solche Haltung falsch war.

Wenn wir solchen Menschen nichts lehren, wer wird es dann tun? Dies ist meine Frage, die ich mir in den Zeiten gestellt hatte, als ich die Nase voll hatte und nicht mehr lehren wollte. Wen sollen wir unterweisen, wenn nicht die Verblendeten? Wir können in Wirklichkeit nirgendwo anders hin. Wenn wir die Nase voll haben und vor den anderen wegrennen wollen, dann sind wir verblendet.

Schüler: Wie wäre es, wenn wir danach strebten, ein Pacceka-Buddha („Einzelerwachte", die ohne einen Lehrer Erleuchtung erreichen und niemanden unterweisen) zu werden?

Ajahn Chah: Solche Begriffe sind rein metaphorisch zu verstehen, als Zustände des Geistes. Denn überhaupt etwas sein zu wollen, ist eine Last. Strebe nicht danach, irgendetwas zu sein! Sei am besten gar nichts! Ein Buddha zu sein ist eine Last. Ein Pacceka-Buddha zu sein ist eine Last. Verlange einfach nicht danach zu sein. „Ich bin Herr Schmidt." „Ich bin ein ehrwürdiger Mönch." Solche Dinge führen zu Leid, weil man glaubt, dass man wirklich so existiert. „Herr Schmidt" ist nur eine Konvention. „Mönch" ist nur eine Konvention.

Wenn du glaubst, dass du wirklich existierst, dann verursacht das Leiden. Wenn es Herrn Schmidt gibt, dann wird Herr Schmidt sehr ärgerlich werden, wenn ihn jemand kritisiert. So etwas geschieht, wenn wir diese Dinge als real ansehen. Herr Schmidt lässt sich darauf ein und gerät in einen Streit. Gäbe es keinen Herrn Schmidt, dann ist niemand da, der den Anruf entgegennimmt. Es klingelt, aber niemand nimmt ab. Solange man nicht zu etwas oder jemandem wird, gibt es kein Leiden.

Es kam einmal ein Mönch zu mir und sagte mir ganz aufgeregt: „Luang Por, ich habe den Stromeintritt (die erste Stufe des Erwachens) erreicht!"

Alles, was ich in dem Moment denken konnte, war ihm zu sagen: „Nun, dass ist ein bisschen besser als ein Hund, schätze ich." [Jemand als einen Hund zu bezeichnen, gilt in Thailand als eine der schlimmsten Beleidigungen und wird daher nicht so leicht ausgesprochen.] Das gefiel ihm gar nicht und er zog höchst beleidigt ab. Der in den Strom Eingetretene war verärgert!

Wenn wir glauben, dass wir jemand oder irgendetwas sind, dann werden wir jedes Mal, wenn das Telefon läutet, das Gespräch annehmen und uns reinziehen lassen. Wie können wir uns davon befreien? Wir müssen uns das sehr deutlich ansehen und Weisheit entfalten, sodass es da keinen Herrn Schmidt gibt, der das Gespräch annimmt. Wenn du Herr Schmidt bist und das Telefonat annimmst, wirst du ins Leiden hineingezogen. Sei also nicht Herr Schmidt. Erkenne einfach, dass es diese Namen und Titel nur auf der konventionellen Ebene gibt.

Wenn jemand sagt, du seist ein guter Mensch, dann sei das nicht. Denke nicht: „Ich bin gut." Wenn jemand sagt, du seist ein schlechter Mensch, denke nicht: „Ich bin schlecht." Versuche nicht, jemand zu sein, schau, was da passiert. Aber dann klammere dich auch nicht an diese Erkenntnis, indem du denkst: „Ich bin jemand, der bewusst ist."

Die Leute verstehen das nicht. Sie wissen nicht, worum es dabei geht. Ich benutze gern die Analogie von der oberen und unteren Etage. Wenn man von oben nach unten geht, dann ist man in der unteren Etage und sieht die untere Etage. Wenn man wieder nach oben geht, dann sieht man die obere Etage. Den Zwischenraum sieht man nicht. Das bedeutet, dass Nibbāna nicht gesehen wird.

Wir sehen die physische Form der Dinge, aber wir sehen das Ergreifen nicht, das Greifen nach oben und nach unten. Das nennt man Werden und Geburt. Wir leben und werden ständig zu ‚etwas'. Der Platz ohne das Werden ist leer. Wenn wir versuchen, Menschen diesen leeren Platz begreiflich zu machen, sagen sie nur: „Da ist ja gar nichts." Eine authentische Praxis ist erforderlich, um dies zu erkennen.

Seit dem Tag unserer Geburt verlassen wir uns auf das Werden und das Greifen nach einem Selbst. Wenn jemand über das Nicht-Selbst spricht, dann ist das zu ungewohnt. Wir können unsere Wahrnehmungen nicht so schnell ändern. Also ist es notwendig, den Geist durch Praxis in die Lage zu versetzen, dass er dies sehen kann. Dann erst können wir es glauben: „Oh ja, es ist wirklich wahr!"

Wenn Menschen denken: „Dies ist meins! Dies ist meins!" dann fühlen sie sich glücklich. Aber wenn dieses „Meins" verloren geht, werden sie deswegen weinen. So beginnt der Leidensweg. Wir können das genau beobachten. Wenn es kein „Mir" oder „Mein" mehr gibt, können wir Dinge ohne Anhaftung oder Besitzansprüche benutzen, solange wir leben. Wenn sie verlorengehen oder zerbrechen, dann ist das etwas ganz Normales; wir sehen sie nicht als zu uns oder jemand anderem gehörig an und denken nicht in Kategorien von „Selbst" und „anderen".

Ich denke, worauf es hinausläuft, ist, dass die Menschen Angst vor Veränderung und vor dem Tod haben. Einmal geboren, wollen sie nicht sterben. Aber ist das logisch? Es ist, als gieße man Wasser in ein Glas und wolle nicht, dass es voll wird. Sofern man weiter Wasser hineingießt, kann man nicht erwarten, dass es sich nicht füllt. Aber die Leute werden geboren und wollen nicht sterben. Denke einmal darüber nach. Wenn Menschen geboren werden, aber nie sterben – wird das zu Lebensglück führen? Wenn niemand sterben würde, wäre alles noch viel schlimmer hier. Am Ende würden wir wahrscheinlich alle dazu übergehen, Exkremente zu essen! Und wo würden wir alle leben? Es ist wie mit dem unaufhörlichen Auffüllen des Wasserglases, ohne zu wollen, dass es voll wird. Wir sollten die Dinge wirklich gut durchdenken. Wenn wir wirklich nicht sterben wollen, dann sollten wir das Todlose verwirklichen, so wie es der Buddha gelehrt hat. Weißt du, was das Todlose bedeutet?

Der Tod ist unumgänglich. Aber wenn du die Weisheit hast, *Anattā* zu verwirklichen, dann ist das so, als würde man nicht sterben. Kein Sterben, kein Geborenwerden – dort können die Dinge beendet werden. Geboren zu werden und sich Glück und Vergnügen zu wünschen, ohne zu sterben, ist absolut nicht der richtige Weg. Aber das ist es, was die Leute wollen, und folglich nimmt ihr Leiden kein Ende. Echte Praktizierende leiden nicht. Gewöhnliche Praktizierende leiden noch, weil sie den Praxispfad noch nicht vollendet haben. Weil sie das Todlose noch nicht realisiert haben, leiden sie. Sie sind dem Tod noch ausgeliefert.

Können wir den Tod vermeiden, obwohl wir aus dem Mutterleib geboren sind? Abgesehen von der Erkenntnis, dass es kein wirkliches Selbst gibt, gibt es keine Möglichkeit dem Tod zu entkommen. „Ich" sterbe nicht; *Saṅkhārā* (bedingte Phänomene) verändern sich ständig, das ist ihre Natur.

Wenn andere Menschen einen solchen Menschen betrachten und versuchen, schlau aus ihm zu werden, dann werden sie wahrscheinlich jemanden sehen, der verrückt ist. Aber dieser Mensch ist nicht übergeschnappt, sondern einfach gewissenhaft. Dieser Mensch weiß auf so viele verschiedene Arten, was wirklich von Nutzen ist.

Wenn ein erwachtes Wesen normale, weltliche Menschen betrachtet, dann wird es sie als unwissend wahrnehmen, wie kleine Kinder. Wenn weltliche Menschen sich einen Erwachten vorstellen, werden sie denken, dass er ziemlich eigenartig sei. Es hat überhaupt kein Interesse an den Dingen, für die sie leben. Anders gesagt: Ein Arahant und eine geistesgestörte Person ähneln sich. Wenn Menschen eine erwachte Person anschauen, werden sie denken, sie sei verrückt, weil es dieser Person nichts ausmacht, wenn sie verflucht wird. Egal, was man zu ihr sagt, sie reagiert nicht darauf, wie ein Verrückter – verrückt aber mit Gewahrsein. Eine wirklich geistesgestörte Person wird vielleicht ebenfalls nicht wütend, wenn man sie verflucht, es liegt aber daran, dass sie nicht weiß, was vor sich geht. Jemand, der den Arahant und den Verrückten beobachtet, könnte sie als identisch ansehen. Aber der Niedrigste ist verrückt und lebt in einem Zustand intensivster Selbstverliebtheit, während der Allerhöchste, der Arahant, frei von jeglichen Vorstellungen und Sorgen über ein Selbst ist. Wenn man sich nur das äußere Erscheinungsbild beider anschaut, dann mögen sie sich gleichen. Doch ihr inneres Gewahrsein, ihr Gespür der Dinge, unterscheidet sich deutlich voneinander.

Denke darüber nach. Wenn jemand etwas zu dir sagt, was dich wütend machen sollte und du es einfach loslässt, könnten die anderen glauben, du seist verrückt. Wenn du also anderen von diesen Dingen erzählst, dann werden sie das nicht so leicht verstehen können. Es muss von ihnen verinnerlicht und direkt erfahren werden, damit sie es wirklich verstehen können.

27

Mein Zahn, mein Kissen, meine Kokosnuss

WIR HÖREN WORTE DES DHARMA, wie zum Beispiel: „Nichts ist ein Selbst“ oder „nichts gehört uns“, und mögen denken, dass wir das ziemlich gut verstehen. Als ich zu praktizieren begann, meditierte ich über die verschiedenen Bestandteile des Körpers und hatte das Gefühl, dass ich eine gewisse Einsicht in *Anattā* erlangt hatte und mich mehr und mehr von den Dingen löste. Doch eines Tages verlor ich dann einen Zahn.

„Oh je! Mein Zahn fiel raus. Ich werde wohl langsam alt.“ Auf einmal wurde ich melancholisch und niedergeschlagen.

Etwas später entschloss ich mich, auf eine Tudong-Wanderung zu gehen. Weil diese Praxis ein Leben in äußerster Einfachheit sein soll, nimmt man normalerweise nur die Almosenschale, eine Robe und ein paar essenzielle Gegenstände mit, wie zum Beispiel einen Wasserfilter, eine Nähnadel und Garn. Ich dachte, ich hätte keine große Anhaftung an Besitz und könnte mit wenig zufrieden sein. Doch als ich meine Sachen vor dem Abmarsch zusammenpackte, konnte ich es nicht ertragen, etwas zurückzulassen. Also packte ich eine Riesentasche voll. Sie sah aus, als ob sie zu schwer für mich sein würde. Dann fiel mir noch mein Kopfkissen ein, und ich beschloss, dass es auch noch mit musste. Alle Gegenstände schienen mir zu gehören, und alles schien so absolut notwendig – sogar die Kokosnussschale, mit der ich im Kloster den Holzboden wienerte.

Teil fünf:

ASPEKTE DER MEDITATION

28

Geistesruhe und Einsicht

Gewöhnlich unterteilt man die Geistesruhe in Frieden durch Sammlung und Frieden durch Weisheit. Beim Frieden durch Sammlung müssen wir uns aus äußerer Aktivität und dem Kontakt mit anderen Menschen zurückziehen. Das Auge muss weit von visuellen Objekten, das Ohr weit von Geräuschen entfernt sein. Indem man also nichts mehr hört und erkennt usw., kann man sehr ruhig werden. Diese Art der Stille ist auf ihre Weise wertvoll, aber sie stellt nicht die höchste Form dar. Sie ist kurzlebig und nicht verlässlich. Sie verändert sich, sobald die Sinne auf Objekte treffen, die entweder angenehm oder unangenehm sind, indem man von ihnen angezogen wird oder nicht will, dass jene Dinge vorhanden sind. So muss der Geist ständig mit diesen Objekten ringen, und es kann keine Weisheit entstehen, weil der Meditierende immer das Gefühl hat, dass er aufgrund jener äußeren Faktoren keinen Frieden finden kann. Nimmt man sich jedoch vor, die Dinge direkt zu betrachten und nicht davor wegzulaufen, dann wird man erkennen, dass der Mangel an Geistesruhe nichts mit äußeren Objekten oder Situationen zu tun hat, sondern nur aufgrund eines falschen Verständnisses vorhanden ist.

Wenn man sich ernsthaft der meditativen Stille widmen will, kann man sich den ruhigsten und abgeschiedensten Ort suchen, weit entfernt von stimulierenden visuellen Objekten oder Geräuschen, wo nichts geschieht, was einen stören könnte. Dort kann der Geist zur Ruhe kommen und still werden, denn es gibt dort nichts, was ihn provoziert. Untersuche diesen Zustand, um herauszufinden, wie viel Kraft darin steckt: Wenn du diesen ruhigen Ort verlässt und wieder beginnst, Sinneseindrücke wahrzunehmen, dann spürst du deutlich, wie erfreut, bedrückt oder verärgert du wirst und wie der Geist dadurch unruhig wird. Dann wirst du verstehen, dass diese Art der Geistesruhe nicht überzeugend ist.

Was immer in den Bereich deiner Erfahrung tritt, ist einfach das, was es ist. Wenn uns etwas gefällt, dann befinden wir, dass es gut sei – wenn uns etwas missfällt, dann sagen wir, es sei nicht gut. Dabei handelt es sich nur um unseren unterscheidenden Geist, der den äußeren Objekten Bedeutung verleiht. Wenn wir das verstehen, haben wir eine realistische Basis, um diese Dinge zu untersuchen und sie so zu sehen, wie sie wirklich sind. Stellt sich während der Meditation Geistesruhe ein, dann ist es nicht notwendig, viel zu denken. Mit der Geistesruhe entsteht eine Sensibilität, die eine gewisse erkennende Eigenschaft besitzt. Das ist kein Denken, sondern einer der Erleuchtungsfaktoren, der als *Ergründen des Dharma* bezeichnet wird.

Diese Art von Stille kann nicht durch Erfahrungen oder Sinneseindrücke gestört werden. Aber dann taucht die Frage auf: „Wenn es Geistesruhe ist, warum passiert da immer noch etwas?" Es geschieht etwas innerhalb der Stille, aber es geschieht nicht auf die herkömmliche Art, wo wir viel mehr daraus machen als in Wirklichkeit vorhanden ist. Wenn etwas innerhalb der Stille passiert, erkennt es der Geist äußerst klar, und Weisheit entsteht. Wir sehen dann, wie die Dinge wirklich vor sich gehen, und dann wird die Geistesruhe allumfassend. Wenn das Auge Formen sieht oder das Ohr Geräusche hört, erkennen wir sie als das, was sie sind. In dieser letztgenannten Form der Stille ist der Geist friedvoll, wenn das Auge Formen sieht. Wenn das Ohr Geräusche hört, ist der Geist friedvoll. Was immer wir erleben, der Geist gerät nicht ins Schwanken.

Diese Art der Stille entsteht aus einer ganz anderen Art von Geistesruhe, jene der unwissenden Konzentration. Durch sie kommt sie zustande. Weisheit geht aus Geistesruhe hervor, und Erkenntnis entsteht durch Nichtwissen. Der Geist gelangt aus jenem Zustand des Nichtwissens heraus zur Erkenntnis, weil er gelernt hat, auf diese Weise zu erforschen. Sowohl Geistesruhe als auch Weisheit werden vorhanden sein, und egal, wo immer wir uns befinden und was immer wir auch tun, wir sehen die Wahrheit. Wir verstehen das Entstehen und Vergehen von Erfahrung im Geist. Dann gibt es nichts weiter zu tun, nichts mehr zu korrigieren oder zu lösen. Es gibt keine Spekulationen und keine Ausflüchte mehr.

Die Weisheit, die Dinge so erkennen, wie sie sind, und darüber hinausgehen, ist unser einzige Ausweg. Dann finden wir endlich Ruhe. Sobald wir so praktizieren, dass wir ans Ziel gelangen, das Ziel kennen und das Ziel sind, dann kann uns selbst inmitten von Aktivitäten nichts mehr verloren gehen oder verletzen. Wenn wir still dasitzen, können wir auf keinen Fall verletzt werden. Für jede Situation gilt: Nichts kann uns beeinträchtigen. Die Praxis ist zur Verwirklichung herangereift und wir haben unser Ziel erreicht. Vielleicht haben wir heute nicht die Möglichkeit zu sitzen und Samādhi zu üben, aber das ist in Ordnung und bringt uns nicht mehr aus der Ruhe. Samādhi bedeutet nicht nur zu sitzen. Samādhi kann in allen Körperhaltungen praktiziert werden. Wenn wir wirklich in allen Haltungen praktizieren, können wir Samādhi erst im vollen Umfang genießen. Es gibt dann nichts, was diese Praxis stören könnte. Wir werden nicht sagen: „Ich kann nicht praktizieren, weil mein Geist gerade nicht so klar ist." Ein derartiges Gefühl wird nicht mehr auftreten. So sollte die Praxis sein: frei von Zweifeln und Verwirrung.

29

Stilles Wasser fließt, fließendes Wasser ist still

STILLE IST GEISTESRUHE und Fließen ist Weisheit. Wir praktizieren, um den Geist zu beruhigen, wie ein stilles Gewässer. Dann kann es ins Fließen kommen.

Am Anfang lernen wir, was stilles und was fließendes Wasser ist. Nachdem wir eine Weile praktiziert haben, sehen wir, wie sich beide gegenseitig unterstützen. Die Eigenschaft, gleichzeitig still und fließend zu sein, ist nicht so leicht zu verstehen.

Wir können verstehen, dass stilles Wasser nicht fließt. Wir können verstehen, dass fließendes Wasser nicht still ist. Aber wenn wir praktizieren, erfahren wir beide Aspekte gemeinsam. Der Geist eines echten Praktizierenden ist wie stilles Wasser, das fließt, oder wie fließendes Wasser, das still ist. Egal, was im Geist eines Dharma-Praktizierenden geschieht, es wird jene Eigenschaft haben. Nur fließen ist nicht korrekt. Nur Stille ist nicht korrekt. Wenn wir die Erfahrung der Praxis machen, wird unser Geist in diesem Zustand fließenden Wassers sein, das still ist.

Dies haben wir noch nie so gesehen. Wenn wir fließendes Wasser sehen, fließt es einfach nur dahin. Wenn wir stilles Wasser sehen, bewegt es sich nicht. Aber in unserem Geist wird es wirklich genau so sein – wie fließendes Wasser, das still ist. In unserer Dharma-Praxis erleben wir, dass Samādhi (Geistesruhe) und Weisheit zusammen auftreten. Wenn wir uns dann hinsetzen, ist der Geist still und fließt. Stilles, fließendes Wasser.

Immer wenn dies im Geist eines Praktizierenden geschieht, ist es etwas Andersartiges und Seltsames. Es ist andersartig in Bezug auf den gewöhnlichen Geist, den man von jeher gekannt hat. Vorher war es so, dass Bewegung geschah, wenn er sich bewegte. Wenn er still war, bewegte er sich nicht, sondern war ausschließlich still. Auf diese Weise kann der Geist mit Wasser verglichen werden. Doch durch die Meditation begibt er sich in einen Zustand stillen, fließenden Wassers. Was auch immer wir tun, der Geist ist wie Wasser, das fließt und dennoch still ist. Wird der Geist in diesem Zustand gebracht, gibt es sowohl Weisheit als auch Geistesruhe.

30

Es wirklich tun

DER BUDDHA EMPFAHL, dass wir uns für unsere Meditationspraxis geeignete Lebensumstände als Unterstützung suchen sollten: eine angenehme Umgebung, gesundes Essen, gute spirituelle Begleiter. Doch gute Bedingungen sind gar nicht so leicht zu finden. In den Lehrreden wird auf diese Weise von guten Bedingungen gesprochen, aber wo findet man sie vor? Wo auch immer wir hingehen, wir scheinen sie nie anzutreffen.

Also fragen wir uns, was wir brauchen, um ungestört praktizieren zu können. Wir glauben, wenn alle Voraussetzungen erfüllt wären – gesundes Essen, eine angenehme Umgebung und Menschen, die einen freundlichen Umgangston pflegen – dann seien wir für alles gerüstet. Tatsächlich könnte es sein, dass wir bei solchen wundervollen Bedingungen an Leichtsinn und Genusssucht zugrunde gehen.

Die Menschen haben so viele Vorstellungen und Wünsche bezüglich dessen, was eine komfortable Praxissituation darstellt, aber wenn wir über einen zufriedenen Geist verfügen, der Genügsamkeit kennt, dann können wir uns überall wohlfühlen. Wird entschieden, dass man bleibt, ist das in Ordnung. Wird entschieden, dass man geht, ist das auch in Ordnung. Aber die meisten von uns werden nicht zufrieden sein, wenn es an den materiellen Voraussetzungen mangelt. Ebenso schwierig wird es, wenn alles im Übermaß vorhanden ist. Irgendwie ist es nie ganz recht. Vielleicht gefällt uns das Verhalten anderer nicht und werden darüber unglücklich. Oder die Belehrungen, die wir uns anhören, ergeben keinen rechten Sinn für uns.

Die Lehre des Buddha ist fehlerfrei, doch unser Geist führt die Dinge noch nicht fehlerfrei aus. Die Leute meinen: „Ich möchte ernsthaft Samādhi praktizieren, also werde ich diesen Ort verlassen. Ich möchte mich ausschließlich auf die Samādhi-Praxis konzentrieren, ich möchte es richtig machen.“ Aber was bedeutet, „es richtig zu machen“? Sie wissen ja gar nicht, ob es richtig ist oder nicht. Wenn ernsthaft und richtig praktiziert wird, dann wird der Geist friedvoll. Wenn sie praktizieren, um es richtig zu machen, warum haben sie dann noch keinen Frieden im Herzen? Das ist der

Maßstab, nach dem man sich richten sollte. Wenn es nicht ernsthaft ist, dann ist es nicht friedvoll.

Was bedeutet es eigentlich, den Dharma wirklich zu praktizieren? Es gibt so viele Meditationsmethoden, die du anwenden kannst. Es ist wie bei weltlichen Menschen, die ihren Lebensunterhalt auf verschiedene Weise verdienen: es gibt Bauern, Geschäftsleute, Beamte, Ingenieure und Fabrikarbeiter, die alle möglichen Güter herstellen. All dies fällt unter den Begriff des Broterwerbs. Das Gleiche gilt für uns; wir nennen es Dharma-Praxis, aber der springende Punkt dabei ist, dass sie dich zum Loslassen, zum Erlöschen, zum Beenden des Ergreifens und Anhaftens führen soll.

31

Ernsthafte Schüler

Ajahn Chah über intensive Meditation

Auch wenn Ajahn Chah bei denjenigen, die ihm nahestanden, großen Respekt erweckte, wollte er nicht, dass die Menschen ihm blind folgten oder einfach danach strebten, dem Ideal eines perfekten Meditierenden gerecht zu werden. Er liebte es, die Denkweise der Menschen herauszufordern, doch anstatt ihnen einfach nur zu sagen: „Nein, da liegst du falsch. Der Buddha lehrte stattdessen ...“, legte er die Verantwortung für ihren spirituellen Weg zurück in ihre eigenen Hände. Auf diese Weise gab er ihnen die Freiheit, die Wahrheit für sich selbst zu entdecken.

Ein Mönch kam einmal zu Ajahn Chah und bat ihn um Erlaubnis, für eine Weile allein zu praktizieren. Das bedeutete, dass er direkt nach der Almosenrunde in seine Kuti zurückzukehrte, um dort zu essen und in Abgeschiedenheit zu meditieren, anstatt sich der täglichen Gemeinschaftsroutine anzuschließen, die aus gemeinsamen Mahlzeiten, dem Abwasch und Klosterputz, der gemeinsamen Rezitation und Meditation bestand. Ajahn Chah stellte ihm in strengem Tonfall zwei rhetorische Fragen: „Glaubst du wirklich, dass du auf diese Art deine Verunreinigungen loswirst? Wirst du erleuchtet, wenn du blind und taub bist? Wir praktizieren hier mit offenen Augen.“ Der Mönch saß still vor ihm und sah gemaßregelt aus. Dann aber, nach einer kurzen Pause, sagte Ajahn Chah zu ihm in verändertem Tonfall: „In Ordnung, probier's mal aus.“

Viele Westler, die nach Wat Pah Pong kamen, dachten, dass sie so viel wie möglich meditieren und keine Zeit mit Gruppenaktivitäten wie Rezitationen oder Belehrungen in einer Sprache, die sie nicht verstanden, verschwenden sollten. Einer der ersten Ankömmlinge bat um die Erlaubnis, die Meditationshalle nach der gemeinsamen Meditation verlassen zu dürfen, um in seine Kuti zurückzukehren und dort weiter zu meditieren, während alle anderen für Rezitationen oder weitere Instruktionen zurückblieben.

Ajahn Chah stimmte dem zu, obwohl er oft von der Notwendigkeit gesprochen hatte, alle täglichen Aktivitäten in eine Meditation zu verwandeln. Jeden Abend wandte er sich zu gegebener Zeit an die Gemeinschaft und sagte: „Der Amerikaner wird uns jetzt verlassen, um alleine zu meditieren." Ein peinlich berührter Mönch stand dann auf und ging hinaus.

Nach einer Weile kam der Mönch sich so töricht vor, dass er beschloss, sich an die Lebensweise dieses Klosters anzupassen und Ajahn Chah als seinem Lehrer zu vertrauen. Und das war gleichzeitig der Zeitpunkt, an dem sich sein meditatives Gewahrsein merklich zu vertiefen begann.

32

Meditationsanweisungen

Fragen und Antworten

Schüler: „Ich möchte innere Geistesruhe entwickeln. Ich möchte meditieren und meinen Geist friedvoll machen."

Ajahn Chah: „Na bitte! Du willst also etwas haben. Wenn du dies wirklich haben willst, musst du darüber nachdenken, was deinen Geist nicht friedvoll sein lässt. Der Buddha lehrte, dass alles aufgrund von Ursachen geschieht. Aber wir erwarten, dass die Früchte einfach so in unsere Hände fallen. Es ist, als wolle man Wassermelone essen, ohne je Wassermelonen angepflanzt zu haben. Wo sollen sie denn herkommen? Du bekommst nur ab und zu eine und denkst dann: ‚Oh, sie sind so süß, so schmackhaft!' und du willst noch mehr davon. ‚Hey, wie kann ich noch mehr Wassermelonen bekommen? Wo kommen die her? Wie kommt es, dass die Leute Wassermelonen zu essen haben?' Aber sie kommen mit Sicherheit nicht daher, dass man nur darüber spekuliert.

Wir müssen das durchdenken, um das Gesamtbild zu erfassen. Schau dir sämtliche Aktivitäten des Geistes an. Da wir in diese Welt hineingeboren wurden, warum ist es dann so, dass wir Leid, Schwierigkeiten und Niedergeschlagenheit erleben? Wir leiden immer wieder aufgrund derselben alten Geschichten, weil unser Wissen unvollständig ist.

Worin liegt das Problem? Wir leben mit Problemen und schaffen immer wieder neue Probleme für uns selbst, aber wir verstehen nicht, worin eigentlich die Schwierigkeit besteht. Als im Hause Lebende haben wir das Gefühl, dass wir Schwierigkeiten mit unseren Partnern, unseren Kindern, usw. haben. Wir sprechen zwar darüber, aber wir verstehen nicht richtig, warum. Folglich ist es wirklich schwierig. Sich abzurackern, um den Geist in den Samādhi-Zustand zu bringen, ist dasselbe. Wir können nicht verstehen, warum wir Samādhi nicht erreichen. Wir müssen die Wahrheit von Ursache und Wirkung verstehen und erkennen, welche Ursachen uns in diesen Zustand bringen. Alles entsteht aufgrund von Ursachen. Aber wir kapieren das nicht. Es ist, als habe man eine Flasche Wasser, trinke sie leer und hoffe auf noch mehr – es gibt jedoch nicht mehr Wasser, als aus dieser Flasche kommen kann. Aber wenn wir Wasser aus einem Bach bekommen, dann können wir immer weiter trinken, weil der Bach fortwährend Wasser bereitstellt.

Der Bach ist wie das tiefe, gründliche Durchschauen und Erkennen von Vergänglichkeit, Unzulänglichkeit und Nicht-selbst. Gewöhnliches, oberflächliches Wissen erkennt sie nicht durch und durch, doch mit durchdringender Einsicht realisieren wir die vollständige Tiefe und den Geschmack dieser drei Merkmale. Was auch immer dann entsteht – wir sehen das Wahre darin. Wenn es zu Ende geht, sehen wir das Wahre darin. Der Geist nimmt immer die Realität wahr, und mit dieser Sichtweise sind wir an einem Ort des Friedens angelangt, an dem es keine Leiden oder Probleme mehr zu ertragen gibt. Das Problem, Dinge zu ergreifen und ihnen Bedeutung zu verleihen, wird nach und nach verschwinden. Wir sehen, wie die Dinge entstehen und wieder verschwinden, dann entstehen sie erneut und verschwinden wiederum. Wenn du dir diesen Dharma des Öfteren anschaust, ihn häufig kontemplierst und immer wieder dieses Gewahrsein entfaltest, wird daraus Leidenschaftslosigkeit und Freiheit von Anhaftung entstehen. Du wirst leidenschaftslos gegenüber absolut allem werden.

Wir werden klar verstehen, dass die Dinge, die Ohr, Auge, Nase und Zunge berühren und die Dinge, die im Geist entstehen, alle gleich sind. Indem wir sehen, wie alle diese *dharmas* (Phänomene) von ihrer Wesensart her vergänglich, unbefriedigend und ohne ein Selbst sind und nicht im Geringsten festgehalten werden können, wird Loslösung geboren. Wenn das Auge Formen sieht oder das Ohr Töne hört, erkennen wir sie als das, was sie sind. Wenn der Geist glücklich oder leidend ist und mit Befriedigung oder Aversion reagiert, dann erkennen wir all diese Dinge. Wenn wir uns an ihnen festhalten, bleiben sie an uns kleben und führen uns sofort in einen Prozess des Werdens hinein. Wenn wir sie freigeben, gehen sie ihren eigenen Weg. Lass die visuellen Eindrücke los und sie gehen den Weg der visuellen Eindrücke. Lass die Töne los und sie gehen den Weg aller Töne. Aber wenn es sein muss, können wir sie natürlich auch benutzen.

Lass die Dinge entsprechend ihrer Beschaffenheit los. Wenn wir uns auf diese Weise gewahr sind, werden wir die Tatsache der Vergänglichkeit sehen. Alle auftretenden Phänomene sind eine Illusion, und zwar ohne Ausnahme; sie sind alle trügerisch. Aber wenn wir erkennen, dass sie trügerisch sind, können wir wirklich entspannen. Mit Achtsamkeit, Wissensklarheit und Weisheit sehen wir nichts anderes als die Tatsache, dass Phänomene entstehen und von dieser Beschaffenheit sind. Selbst wenn wir gerade nichts Besonderes tun – was immer wir gerade dabei denken mögen –wir erkennen unsere Gedanken einfach als Gedanken und verfangen uns nicht in ihnen. Wenn der Geist friedlich wird, werden wir denken: ‚Friedlich: keine große Sache. Ein friedlicher Zustand ist nicht von Dauer.' Es gibt nur vergängliche Phänomene und nichts weiter. Wo auch immer wir uns gerade befinden, der Dharma ist dort und es entsteht Weisheit. Was kann bei uns dann noch Leiden verursachen?

Wir leiden unter Dingen, die nicht wirklich erreichbar sind, weil wir über Dinge nachdenken, über die es sich nicht nachzudenken lohnt. Wir haben alle möglichen Begierden und wollen, dass sich die Dinge auf eine ganz bestimmte Weise fügen. Der Wunsch irgendjemand zu sein – z. B. ein *Arahant*, ein völlig erleuchtetes Wesen – bringt Leiden über uns. Der Buddha lehrte uns, dass wir damit aufhören sollen, etwas oder jemand werden zu wollen, denn er hatte erkannt, dass all das Verlangen danach, etwas zu bekommen oder sein zu wollen, Leid bedeutet."

Schüler: „Ich möchte um ein Meditationsobjekt bitten, das meinem Temperament entspricht. Manchmal praktiziere ich lange mit dem Mantra Buddho, aber der Geist kommt nicht zur Ruhe. Ich habe auch versucht, über die Bestandteile des Körpers zu meditieren und dann habe ich probiert, mir den Tod zu vergegenwärtigen, aber ich wurde einfach nicht ruhig. Ich bin jetzt mit meinem Latein am Ende und weiß einfach nicht, was ich noch tun könnte."

Ajahn Chah: „Wenn du nicht mehr weiterweißt, dann lass los."

Schüler: „Manchmal ist eine gewisse Geistesruhe da, aber dann kommen Erinnerungen – eine Menge Erinnerungen – und ich werde wieder zerstreut und unruhig."

Ajahn Chah: „Hab ich's nicht gesagt: Vergänglichkeit. Vergänglichkeit! All das ist vergänglich. Höre nicht auf, deinen Geist zu unterweisen: ‚Nicht sicher, nicht zuverlässig!' Absolut alle mentalen Phänomene sind unsicher; vergiss dies nicht. Wenn der Geist unruhig ist, dann ist das ungewiss. Wenn der Geist friedvoll ist, ist das ebenfalls ungewiss. Greife nach keinem dieser Zustände, und gehe nicht davon aus, dass irgendeiner dieser Zustände real ist. ‚Bewusstsein ist vergänglich.' Hast du das schon einmal gehört? Hast du es untersucht? Was wirst du jetzt damit anfangen?

Geistesruhe ist nicht beständig. Aufgeregtheit ist nicht beständig. Wie wirst du also praktizieren? Welche Sichtweise wirst du also von den Dingen annehmen? Wenn du die rechte Anschauung hast, dann erkennst du diese Zustände der Geistesruhe und Aufgeregtheit als unsichere Dinge. Was für ein Gefühl wirst du dann haben? Bleib dran und schaue genau hier hin.

Wenn dein Geist friedvoll wird, wie lange wird das anhalten? Wenn er durcheinander ist, wie viele Tage wird das andauern? Sag dir einfach immer wieder: ‚Nicht sicher, unzuverlässig!' Wo werden dann die Dinge bleiben? Vertreibe sie weiter auf diese Weise.

Du praktizierst ‚Buddho' und du bist nicht friedvoll. Du praktizierst Atem-Achtsamkeit und bist nicht friedvoll. Warum hältst du so an der Vorstellung von Geistesruhe fest? Rezitiere in deiner Praxis ‚Buddho, Buddho' und erkenne Ungewissheit. Praktiziere Achtsamkeit beim Atmen und erkenne Ungewissheit. Mach keine so große Sache aus deinen Geisteszuständen, egal, ob sie friedvoll oder aufgewühlt sind. Sie werden dich aufgrund dieser klammernden Anhaftung nur in die Irre führen. Wir müssen immer ein bisschen cleverer sein, als sie. Wenn einer der beiden Zustände kommt, erkennen wir ihn als ungewiss. Dann wird es nachlassen. Probiere es einmal aus. Egal, was hochkommt, halte mit: ‚Nicht sicher!' dagegen. Normalerweise opponieren wir nicht oder gehen durch sie hindurch, sondern rennen ihnen sofort hinterher.

Ich finde es lobenswert, wenn jemand vorhat, viel Samādhi zu praktizieren. Die Lehrreden sprechen von Befreiung durch Sammlung und Befreiung durch Weisheit. Befreiung bedeutet, dass man von den Befleckungen der Gier und Unwissenheit befreit wird. Es gibt diese zwei Arten. Bei der Befreiung durch Sammlung entfaltet man die Geisteskraft durch Samādhi, sodass Weisheit entstehen kann.

Manche Bäume wachsen gut, wenn man ihnen viel Wasser gibt, andere wiederum benötigen nur wenig Wasser. Wie zum Beispiel die Kiefern hier – gib ihnen nicht zu viel Wasser, sonst gehen sie dir ein. Manchen Bäumen reicht so wenig Wasser zum Wachsen und Erblühen. Es kann einem seltsam vorkommen, wie sie das machen.

Mit der Meditationspraxis ist es ähnlich. Bei der Befreiung durch Sammlung praktiziert man die Meditation auf eine sehr strikte Weise, und man muss sehr viel Konzentration entwickeln. Das ist ein möglicher Ansatz, wie bei den Bäumen, die für ihr Wachstum eine Menge Wasser brauchen. Dann gibt es aber auch noch die Bäume, die nicht zu viel Wasser haben sollten.

Man spricht also über Befreiung durch Sammlung und Befreiung durch Weisheit – beides führt zur Freiheit. Um Freiheit zu erreichen, sollte man sich selbstverständlich auf Weisheit und die Kraft des Geistes verlassen. Die beiden Wege unterscheiden sich nicht wirklich. Warum hat man sie dann so aufgeteilt? Es sind nur sprachliche Ausdrucksformen. Wenn du sie zu ernst nimmst und versuchst, beide Wege voneinander zu trennen, dann wird dich das nur konfus machen.

Dennoch rücken beide jeweils den einen oder anderen Aspekt stärker in den Fokus. Sie als dasselbe zu bezeichnen, ist nicht korrekt; zu sagen, sie seien verschieden, ist nicht korrekt. Ähnlich verhält es sich, wenn man über Temperamente spricht. Die Lehrreden erwähnen ein Begierde-Temperament, ein Ärger-Temperament, ein Verblendungstemperament und ein Buddha-Temperament. Dies soll darauf hinweisen, welche Tendenzen stärker sind als andere. Es handelt sich dabei nur um Begriffe, die wir zur Klassifizierung benutzen. Aber vergiss bitte nicht, dass es bei all unserem Lernen und der verschiedenen Praktiken darum geht, uns zu befreien – und zwar, indem wir das vergängliche, unzulängliche und selbstlose Wesen aller Phänomene erkennen."

Schüler: „Wie können wir die Sammlungs- oder Konzentrationspraxis mit einer begrifflichen Form der Meditation verbinden, wie zum Beispiel der Kontemplation der Vergänglichkeit allen Lebens?"

Ajahn Chah: „Ehe wir beginnen, sollten wir einfach nur dasitzen und den Geist entspannt verweilen lassen. Das lässt sich mit einer anderen Aktivität, etwa dem Nähen, vergleichen. Wenn wir lernen wollen, wie man mit einer Nähmaschine umgeht, setzen wir uns zunächst einmal vor die Maschine, um uns mit ihr vertraut zu machen und uns dabei wohl zu fühlen. Wenn wir Atem-Achtsamkeit praktizieren wollen, sitzen wir zu Beginn einfach nur da und atmen. Indem wir das Gewahrsein nicht auf irgendetwas fixieren, nehmen wir nur zur Kenntnis, dass wir atmen. Wir nehmen wahr, ob der Atem entspannt ist oder nicht, und wie lang oder kurz er ist. Nachdem wir das registriert haben, fokussieren wir uns auf die Ein- und Ausatmung an drei Punkten.

Wir fokussieren die Aufmerksamkeit auf den Atem, während er durch die Nase, die Brust und den Bauchraum strömt. Wenn die Luft eintritt, strömt sie zunächst durch die Nase, dann durch die Brust und dann bis zum Endpunkt des Bauchraums. Wenn sie den Körper wieder verlässt, fängt sie im Bauchraum an, in der Mitte ist sie dann in der Brust und am Ende in der Nase. Wir registrieren einfach nur. Auf diese Weise beginnen wir, den Geist zu kontrollieren: indem die Aufmerksamkeit an diesen drei Punkten des Beginns, der Mitte und des Endes jeder Ein- und Ausatmung fixiert wird.

Wir praktizieren dies solange bis es ruhig und glatt abläuft. Das nächste Stadium besteht dann darin, dass man die Aufmerksamkeit ausschließlich auf die Empfindung des Atems an der Nasenspitze oder Oberlippe fokussiert. An diesem Punkt kümmern wir uns nicht darum, ob der Atem lang oder kurz ist, sondern fokussieren uns lediglich auf die Empfindung des Ein- und Ausströmens.

Vielleicht treten dabei verschiedene Phänomene in die Sinneswahrnehmung oder es tauchen Gedanken auf. Dies bezeichnet man als anfängliche Gedanken (*vitakka* = Aufgreifen eines Gedankens). Irgendeine Vorstellung entsteht, sei es über das Wesen bedingter Phänomene (*saṅkhārā*), über die Welt oder was auch immer. Einmal entstanden, will sich der Geist damit beschäftigen und verbinden. Wenn es sich um ein Objekt handelt, das heilsam ist, dann darf der Geist es ruhig aufgreifen. Ist es dagegen etwas Unheilsames, höre sofort damit auf. Wenn es etwas Heilsames ist, erlaube dem Geist es zu kontemplieren, und Freude und Befriedigung werden entstehen. Der Geist wird hell und klar sein, während der Atem ein- und ausströmt, während diese anfänglichen Gedanken erscheinen und der Geist sie aufgreift. Dadurch wird es zu diskursivem Denken (*vicāra*). Der Geist entwickelt eine Vertrautheit mit dem Objekt, indem er sich bemüht und mit dem Objekt eins wird.

Du sitzt da und plötzlich kommt dir der Gedanke an jemanden in den Sinn – das ist *vitakka*, der anfängliche Gedanke. Dann greifst du die Vorstellung von dieser Person auf und beginnst detailliert über sie nachzudenken

– das ist *vicāra.* Als ein weiteres Beispiel greifen wir die Vorstellung vom Tod auf und beginnen sie zu überdenken: ‚Ich werde sterben; andere Menschen werden sterben; alle Lebewesen werden sterben; wenn sie sterben, wo gehen sie hin...?' Stopp! Halte inne und beginne noch einmal von vorn. Wenn dir die Gedanken davonlaufen, halte inne und richte deine Achtsamkeit wieder auf den Atem. Bleibe so lange dabei, bis der Geist hell und klar geworden ist.

Wenn du auf diese Weise weitermachst, werden der ursprüngliche Gedanke und das diskursive Denken immer wieder auftauchen. Wenn du ein Objekt wie die Vergänglichkeit des Lebens geschickt kontemplierst, wird der ruhige Geist noch stiller werden und ein Gefühl der Verzückung wird sich einstellen. Mit dem vorhandenen anfänglichen und diskursiven Denken entsteht im Geist Freude und Verzückung. Wenn du *vicāra* mit einem Objekt durchführst, das sich gut für deine Praxis eignet, dann wirst du möglicherweise die Erfahrung machen, dass sich deine Körperhaare aufrichten, dir Tränen über die Wangen strömen und ein Zustand äußerster Verzückung eintritt. Viele verschiedene Dinge passieren, wenn sich dieses Wonnegefühl einstellt.

Das Gefühl wird allerdings nach einer Weile an Intensität verlieren und dann wieder verschwinden, sodass du den anfänglichen Gedanken wieder aufnehmen kannst. Der Geist wird dann standfest und ohne Ablenkung sein. Dann gehst du wieder zu diskursivem Denken über und der Geist wird vollkommen eins damit. Wenn man eine Meditation durchführt, die dem eigenen Temperament entspricht, und man macht das gut, dann wird der Geist – wann immer ein Objekt aufgenommen wird – beglückt und gesättigt sein. Wenn er immer wieder aufs Neue zwischen anfänglichem und diskursivem Denken hin und herpendelt, entstehen zuerst Verzückung und dann Glückseligkeit.

Das findet in der Sitzmeditation statt. Nachdem du eine Weile gesessen hast, kannst du aufstehen und Gehmeditation praktizieren. Der Geist kann beim Gehen denselben Zustand einnehmen. Keines der Hemmnisse wie Verlangen, Ärger, Rastlosigkeit oder Erregung, Trägheit und Starrheit oder Zweifel wird vorhanden sein – in diesem Moment ist der Geist ist unbefleckt."

Schüler: „Kann dies bei jeder Art von Denken auftreten oder passiert es nur in einem Zustand der Geistesruhe?"

Ajahn Chah: „Es geschieht, wenn der Geist wirklich still ist. Es ist nicht der gewöhnliche mentale ‚Wildwuchs'. Du sitzt mit einem ruhigen Geist da und dann kommt der anfängliche Gedanke. Zum Beispiel denke ich über meinen Bruder nach, der gerade verstorben ist. Das geschieht, während der Geist einfach ruhig ist. Es ist keine besondere Ruhe, aber im Moment ist der Geist ruhig. Ist der anfängliche Gedanke gekommen, gehe ich über zum diskursiven Gedanken. Wenn es sich dabei um eine Gedankenfolge handelt, die heilsam und geschickt ist, wird der Geist ruhiger und er erlebt Glücksgefühle. Danach entsteht Verzückung mit ihren jeweiligen Begleiterscheinungen. Diese Verzückung rührt vom anfänglichen und diskursiven Denken her, welches sich in einem Zustand innerer Ruhe und Ausgeglichenheit vollzog. Wir brauchen dem keinen Namen geben, wie etwa erstes Jhāna (meditative Vertiefung), zweites Jhāna, und so weiter. Wir nennen es einfach nur Geistesruhe.

Der nächste Faktor ist Glückseligkeit. Letztendlich lassen wir anfängliches und diskursives Denken fallen und die Geistesruhe vertieft sich. Der Zustand des Geistes wird feiner und subtiler. Vitakka und vicāra sind immer noch relativ grob und werden verschwinden. Bleiben wird einzig die Verzückung, welche von einem Gefühl der Seligkeit und der Einspitzigkeit des Geistes begleitet wird. Hat diese ihren vollen Umfang erreicht, dann ist da gar nichts mehr – sogar Verzückung und Glückseligkeit verblassen und der Geist ist leer. Das ist der höchste Grad an Sammlung und Vertiefung.

Wir brauchen uns nicht auf irgendeine dieser Erfahrungen zu fixieren oder bewusst darin verweilen. Sie werden ganz natürlich von einer Stufe zur nächsten fortschreiten. Das bedeutet, dass der Geist immer stiller wird und seine Objekte nach und nach abnehmen, bis am Ende nichts bleibt außer Einspitzigkeit und Gleichmut.

Wenn der Geist still und fokussiert ist, kann das geschehen. Es ist die Kraft des Geistes, die Geistesruhe erreicht hat. Die Hemmnisse des sinnlichen Begehrens, der Aversion, des Zweifels, der Trägheit und der rastlosen Gemütserregung werden abwesend sein. Obwohl sie vielleicht immer noch latent im Geist des Meditierenden vorhanden sein mögen, werden sie während dieser Zeit nicht auftauchen.

Das wichtige Prinzip ist, dass man bei allem, was während der Meditation auftaucht, keine Bedenken hat. Zweifel führen nur zu Komplikationen. Wenn der Geist hell und wach ist, bezweifle das nicht. Es ist ein Zustand des

Geistes. Wenn er dunkel und schwerfällig ist, hege auch daran keinen Zweifel. Setze einfach deine Praxis fort, ohne dich in Reaktionen auf diese Zustände zu verfangen. Nimm sie einfach zur Kenntnis und wenn du dir ihrer gewahr bist, hege keine Zweifel an ihnen. Sie sind einfach nur, was sie sind.

Diesen Zuständen wirst du noch begegnen, wenn deine Praxis bereits Fortschritte macht. Nimm sie bewusst wahr und lass sie wieder los. Ob der Geist nun dunkel oder erhellt ist, fixiere dich nicht auf diese Zustände. Mach weiter mit dem Sitzen und Gehen und nimm weiter wahr, was passiert. Lass dich davon nicht hineinziehen und vereinnahmen. Lass nicht zu, dass diese Zustände Leid in dir erzeugen. Manchmal wird der Geist voller Freude sein, manchmal voller Kummer. Es kann Glück oder Leid vorhanden sein. Hindernisse können auftreten. Anstatt in Zweifel zu verfallen, mach dir bewusst, dass dies lediglich vergängliche Geisteszustände sind und dass das, was sich gerade manifestiert, aufgrund von Ursachen entstanden ist, die jetzt zur Reife gelangt sind. In diesem Moment manifestiert sich genau dieser Zustand – das ist es, was du erkennen solltest."

Schüler: „Sollten wir unsere Augen geschlossen halten, um die äußere Umgebung auszublenden, oder sollten wir uns einfach mit den Dingen beschäftigen, wenn wir sie sehen?"

Ajahn Chah: „Wenn wir mit dieser Schulung erst beginnen, dann ist es wichtig, dass wir zu viele Sinnesreize vermeiden, folglich ist es besser die Augen zu schließen. Dadurch, dass wir keine Objekte sehen, die uns ablenken oder beeinflussen können, bauen wir langsam mentale Kraft auf. Wenn der Geist stark ist, dann können wir die Augen öffnen, und was auch immer wir dann sehen, wird uns nicht ins Wanken bringen. Ob sie offen oder geschlossen sind, ist dann nicht mehr von Belang.

Wenn man sich ausruht, schließt man normalerweise die Augen. In der Meditation mit geschlossenen Augen zu sitzen ist die Wohnstätte des Praktizierenden. Wir finden Wohlgefallen und Ruhe darin. Doch wenn wir unsere Augen nicht schließen können, werden wir dann in der Lage sein, mit den Dingen umzugehen? Wir sitzen mit geschlossenen Augen und wir profitieren davon. Wenn wir unsere Augen öffnen, können wir mit allem umgehen, egal, was uns begegnet. Die Dinge werden nicht aus dem Ruder laufen. Wir werden uns nicht völlig ratlos fühlen. Doch im Wesentlichen kümmern wir uns einfach nur um die Dinge. Wenn wir dann zu unserer Sitzmeditation zurückkehren, werden wir wirklich größere Weisheit entfalten.

Auf diese Weise entwickeln wir die Praxis weiter. Wenn sie ihre Vollendung erreicht hat, spielt es keine Rolle mehr, ob unsere Augen offen oder geschlossen sind. Der Geist wird nicht abschweifen oder schwanken. Zu jeder Tageszeit – morgens, mittags oder abends – wird der Zustand des Geistes unverändert sein. Es gibt nichts, was den Geist noch ins Wanken bringen kann. Wenn ein Glückszustand entsteht, erkennen wir: ‚Er ist nicht zuverlässig,' und er vergeht. Das Gefühl, unglücklich zu sein taucht auf und wir erkennen: ‚Es ist nicht sicher' und das war's dann.

In unserer Mediation werden wir auf das Entstehen vieler unterschiedlicher mentaler Aktivitäten und Befleckungen treffen. Die korrekte Haltung besteht darin, bereit zu sein, sie allesamt loszulassen, egal, ob angenehm oder schmerzhaft. Obwohl Zufriedenheit erwünscht und Leiden unerwünscht ist, erkennen wir, dass sie gleichwertig sind. Das sind Dinge, die wir am eigenen Leib erfahren werden.

Glück wünschen sich alle Menschen auf der Welt. Leid ist unerwünscht. Nibbāna geht über Wünschen und Nicht-Wünschen hinaus. Nibbāna enthält kein Wünschen. Der Wunsch nach Zufriedenheit, nach Freiheit von Leid, nach der Transzendenz von Zufriedenheit und Leid – es gibt da nichts von alledem. Es ist Frieden."

33

Was es ist

Ajahn Chahs Meditation

AJAHN CHAH VERFOLGTE EINEN SEHR DIREKTEN ANSATZ für die Meditation und er riet den Menschen, sich nicht in Zweifeln zu verheddern oder sich zu viel aus meditativen Erfahrungen zu machen, egal, wie ungewöhnlich oder außergewöhnlich sie zu sein schienen. In einer frühen Biografie beschrieb er eine ganze Reihe von meditativen Erfahrungen, die er eines Nachts machte. Er spürte, wie sich sein gesamter Körper ausdehnte und auseinanderbrach, begleitet von lauten Geräuschen. Als es vorüber war, fragte er sich: „Was war das denn?"

Die Antwort kam ihm unmittelbar: „Es war, was es war." Damit war die Angelegenheit erledigt. Diese Erfahrung prägte seine Haltung gegenüber der Meditation und verlieh seiner Praxis eine Qualität der Unerschütterlichkeit.

34

Berausche dich nicht an Geistesruhe

ALS ICH JÜNGER WAR, suchte ich auf die falsche Weise nach innerem Frieden. Ich saß, um Samādhi zu praktizieren, und mein Geist wollte sich einfach nicht beruhigen. Er rannte wild umher und egal, auf welche Weise ich versuchte, ihn zurückzubringen, er kam einfach nicht zurück. Und wenn er zurückkam, dann wollte er nicht dableiben.

Was sollte ich also tun? Sollte ich mit dem Atmen aufhören? Ich habe das probiert. Ich habe meinen Atem angehalten, um den Geist zum Innezuhalten zu zwingen. Aber er lief trotzdem weiter. Ich hielt meinen Atem noch länger an, doch das Einzige, was aus dem immer längeren Anhalten des Atems resultieren könnte, wäre, dass ich schließlich sterben würde.

Ähnlich erging es mir, wenn ich das Gefühl hatte, dass meine Meditation durch Geräusche gestört wurde. Ich verstopfte mir die Ohren mit Wachs. Ich habe sie wirklich fest zugestopft, sodass ich absolut nichts mehr hören konnte. Das schien eine gute Idee zu sein – keine äußeren Geräusche mehr, die mich belästigen könnten – aber ich begann darüber nachzudenken: Wenn nichts zu hören oder zu sehen der Pfad der Erwachten ist, dann sollten alle Gehörlosen erleuchtet sein. Die Blinden sollten allesamt erleuchtet sein. Die völlig Tauben müssten dann Arahants sein.

Also kontemplierte ich das, bis ich zu einem gewissen Verständnis gelangte. Ich erkannte, dass allein in dem Versuch, Dinge auszublenden, kein wirklicher Schutz bestand. Also hörte ich damit auf. Ich erkannte, dass nur ich selbst und meine Anhaftungen die Probleme verursachten. Jetzt empfinde ich deswegen großes Bedauern. Wenn ich daran denke, wie ich als Neuling Meditation praktiziert habe und wie verblendet ich war, fühle ich mich wirklich schlecht. Ich wollte praktizieren, um frei von Leiden zu sein, aber ich habe mir nichts als Leid zugefügt. Deshalb gab es überhaupt keinen Frieden für mich.

Wenn der Geist ruhig wird, sind wir hocherfreut. Wenn wir dann ein paar Tage lang Frieden erleben, haben wir das Gefühl, dass es wirklich angenehm ist. Dann plötzlich eines Tages ist es wieder so, als säßen wir auf einem Nest beißender Ameisen. Wir können nicht sitzen, wir können gar nichts tun, der Geist ist so wild und aufgewühlt. Also reflektieren wir und versuchen herauszufinden, warum es nicht wie vorher ist. Es war ein paar Tage lang so friedvoll, und wir können nicht umhin, uns nach jener Erfahrung zurückzusehnen.

Genau hier zeigt sich unsere Verblendung: Mentale Zustände ändern sich. Sie sind nicht festgelegt, zuverlässig oder stabil. Das liegt in ihrer Natur und wird immer so sein. Was auch immer sich ereignet, ist bereits veraltet; es ist nichts Besonderes oder Einzigartiges, sondern unterliegt denselben Merkmalen. Wir müssen uns fortwährend die Reaktionen des Geistes anschauen, die Art, wie er bestimmte Dinge mag und andere ablehnt. Wenn wir an etwas Gefallen finden, sind wir erfreut, und dieses Gefühl der Freude entsteht nur aufgrund von Verblendung und nicht, weil wir recht haben.

Wenn du ruhig bist, dann berausche dich nicht daran. Wenn du zerstreut bist, berausche dich nicht. Der Buddha lehrte, man solle sich nicht betäuben lassen. Das trifft ausnahmslos auf jede Erfahrung zu. Wenn wir immer mehr wollen, befinden wir uns ständig in einem Zustand der Unruhe. Deshalb sagte der Buddha, dass es keine Weisheit in bloßer Ruhemeditation (*samatha*) gebe. Bei der Samatha-Praxis mögen wir zunächst sehr ruhig sein, weil wir von äußeren Sinnesobjekten getrennt sind. Dadurch, dass wir keine Geräusche hören, und nicht die Objekte der anderen Sinne erfahren, können wir uns sehr friedvoll fühlen. Das ist auf seine eigene Art gut und rührt daher, dass wir den Dingen vorübergehend entflohen sind. Es ist wie bei bestimmten Krankheiten, zum Beispiel dem Krebs. Er mag eine ganze Weile nicht zu bemerken sein, denn es gibt keine Symptome, wie etwa Schmerz oder eine Schwellung. Also fühlt sich die betreffende Person gut, solange die Krankheit noch nicht ausgebrochen ist. So ist das, wenn man in die Samatha-Meditation versunken ist, nichts merkt und dabei das Gefühl hat, man habe gar keine Geistestrübungen. Aber wenn wir diese ruhige Atmosphäre verlassen und wieder visuellen und akustischen Objekten begegnen, dann kann es sein, dass uns jene Dinge sehr beunruhigen. Was also kann man tun? Wo kann man sich in dieser Welt aufhalten? Wo kann man hingehen, dass man nichts mehr sehen, hören, riechen, schmecken oder mit dem Körper empfinden muss?

Der Buddha wollte, dass unsere Augen Dinge sehen, unsere Ohren Geräusche hören, unsere Nasen Gerüche erkennen, unsere Zungen

Geschmäcker erfahren, unsere Körper Hartes und Weiches, Kaltes und Heißes spüren. Er wollte, dass wir diese ganze Bandbreite an Erfahrungen machen und nicht in völliger Isolation leben. Er wollte, dass wir diese Dinge erfahren und gleichzeitig erkennen: „Aha! So sind die Dinge also." Auf diese Weise können wir Weisheit entwickeln. Selbst wenn wir nicht die ganze Zeit Sitz- und Gehmeditation üben, kann der Geist trotzdem gewahr und auf Kurs sein. Wir können voller Energie praktizieren, ohne dass es zu Verlusten oder Rückschritten kommt. Wer geschickt ist, praktiziert den Dharma auf diese Weise.

Hast du schon mal gesehen, wie gelassen die alten Meditationsmeister gegenüber allem bleiben, was passiert? Wir können ihren Gleichmut wirklich kaum verstehen. Sie sind so, weil ihr Geist völlig kühl ist und sie über Wissen verfügen. Sie bleiben völlig unerschütterlich, wenn sie dem Leid begegnen. Auch Glücksgefühle bringen ihren Gleichmut nicht ins Wanken. „Belästige mich nicht, Kindchen!" So gehen sie damit um. Wenn Traurigkeit auftaucht: „Belästige mich nicht, Kindchen!" Sie sind die Erwachsenen, und die Geistestrübungen können nur noch hilflos herumsitzen. Da doch unser eigener Geist wegen solcher Dinge aus dem Gleichgewicht gerät, fragen wir uns verwundert, wie sie so sein können. Es wird daher geraten, sich einen kompetenten spirituellen Lehrer zu suchen und sich sein Beispiel als Grundlage zu nehmen, über das man einen langen Zeitraum kontempliert.

35

Bleib dran

WIR KÖNNEN SCHRITTWEISE an unserer Meditation arbeiten. Wir haben noch kein tiefes Verständnis und wissen noch nicht wirklich, was wir da tun. Aber wir können Stück für Stück vorankommen. Vielleicht bemerken wir nicht einmal, dass wir davon profitieren – aber wir tun es doch, nach und nach. Wenn du dein Essen verzehrst, bist du dann bereits nach dem ersten Bissen satt? Du wirst dich nicht so fühlen. Doch du könntest sagen, du seiest satt, aber noch nicht sehr satt. Iss den zweiten Happen und du wirst etwas gesättigter sein, aber es ist immer noch recht wenig. Wenn du weiter isst, jeweils nur ein bisschen, dann erreichst du schließlich das Gefühl der Sättigung. Denk mal drüber nach, schau nach vorne und du wirst sehen, wo es hingeht: Schließlich wirst du ganz langsam deinen letzten Bissen kauen. Kleine Dinge sammeln sich an und der Hunger lässt nach, bis du am Ende gesättigt bist – vielleicht sogar so weit, dass du kein Essen mehr sehen kannst. Die einzelnen Bissen, die du verzehrt hast – und zwar einen nach dem anderen, haben dich am Ende richtig satt gemacht.

Die alten Leute hier werden euch erzählen, dass trockener Bambus Feuer enthält. Früher kam man nicht so leicht an Streichhölzer heran oder sie funktionierten nicht gut. Wenn die Leute in den Wald gingen, dann brauchten sie nur etwas trockenes Holz zu finden, um zu wissen, dass Feuer darin war. Immer wenn sie kochen wollten, mussten sie nur zwei trockene Bambusstücke aneinander reiben, um ein Feuer anzufachen. Sie rieben sie einfach immer weiter aneinander. Zunächst war das Holz noch kalt. Nachdem sie eine Weile gerieben hatten, wurde es jedoch heiß, und einige Zeit später trat Rauch auf. Aber es benötigte schon eine ganze Weile, um Hitze zu erzeugen, und sogar noch mehr Zeit, um zunächst Rauch und dann ein Feuer zu bekommen.

Wir hingegen, ihre Kinder und Nachkommen, haben wenig Geduld. Wenn wir probieren, Bambusstücke aneinander zu reiben, um ein Feuer zu machen, werden wir schon nach zwei Minuten unruhig. Wir haben genug davon und legen die Stöcke hin: „Zeit für eine Pause!“ Wenn wir sie uns dann wieder vornehmen, stellen wir fest, dass sie kalt sind. Wir fangen noch einmal an zu reiben, aber natürlich fangen wir wieder ganz von vorne an. Folglich werden sie nicht so schnell heiß und wir werden wieder ungeduldig. Auf diese Weise könnten wir eine Stunde oder den ganzen Tag darauf verwenden und würden niemals Feuer sehen. Wir reiben und hören auf, reiben und hören auf. Dann fangen wir an, die alten Leute zu kritisieren: „Die Alten sind verrückt. Ich weiß nicht, worüber sie reden. Vielleicht lügen sie auch. Ich habe die Stöcke die ganze Zeit gerieben und es passiert immer noch nichts."

So geht das, wenn unser Verständnis und Engagement für die Dhamma-Praxis nicht weit genug reichen. Es gibt nicht genug Hitze, aber wir erwarten ein Feuer. Die alten Leute haben das getan, aber sie wissen, dass es etwas Anstrengung braucht. Man muss fortwährend ohne Pause reiben; wenn man sich zwischendurch ausruht, bekommt man nur kalte Stöcke.

Es ist wie mit den Studenten, die hierherkommen, um Meditation zu erlernen. Sie hören sich ein paar Belehrungen an und wollen es möglichst schnell kapieren. Sie wollen die Meditationsmethode finden, die ihnen die schnellsten Ergebnisse liefert. Ich sage ihnen: „Wenn ihr es ‚schnellstens' wollt, dann wird das nicht funktionieren." Es gibt so etwas wie Ursache und Wirkung; Wirkungen oder Resultate werden aus den entsprechenden Ursachen geboren. Sie erscheinen nicht unmittelbar, wie wir uns das wünschen. ‚Schnellstens' – da wäre selbst der Buddha mit seiner Weisheit am Ende.

Wir werden auf dem Pfad Fortschritte machen, weil wir uns kontinuierlich bemühen, genau wie jemand, der Bambusstöcke aneinander reibt, um ein Feuer zu bekommen. Wenn man ununterbrochen reibt, nimmt die Hitze zu. Je mehr man reibt, desto heißer wird es. Wenn Rauch entsteht, ist das Feuer nicht weit; aber an dem Punkt, wo Rauch aufsteigt, macht man keine Pause. Es ist kein Spiel, also weiß man, dass man weitermachen muss. Auf diese Weise bekommt man Feuer.

36

Hohe Ideale und tägliche Frustrationen

Ein junger Mönch mit Ajahn Chah

EIN JUNGER MÖNCH, der sich für einen fähigen Meditierenden hielt, erzählte von seiner Begegnung mit Ajahn Chah, als er zum ersten Mal nach Wat Pah Pong kam. Er berichtete von seinen Erfahrungen mit verschiedenen Meditationslehrern und glaubte, dass er damit bei dem Meister einen ziemlich starken Eindruck hinterlassen würde. Ajahn Chah sagte jedoch kein Wort dazu, sondern stand von seinem Platz auf, begab sich auf den Boden und kroch auf allen vieren. Dabei schnüffelte er wie ein Hund herum. Der junge Mann begriff, dass Ajahn Chah ihm damit vielleicht etwas zeigen wollte.

Er blieb und begann mit dem Training. Es dauerte nicht lange und er bekam das Gefühl, dass er überhaupt nichts zuwege brachte und dass das Leben selbst bar jeder Freude und jeden Sinns war. Überzeugt davon, dass er nie wieder würde lachen können, suchte er Ajahn Chah auf.

Ajahn Chah sagte zu ihm: „Du bist wie ein ganz junges Eichhörnchen. Es beobachtet seine erwachsenen Artgenossen dabei, wie sie auf Bäume klettern und von Ast zu Ast hüpfen, und es möchte das auch tun. Also krabbelt es ans Ende eines Asts, verliert das Gleichgewicht, und bumm! Es schlägt auf dem Waldboden auf. Die Mutter hebt es auf und bringt es wieder zurück auf den Baum, aber es will immer noch herumrennen und -springen. Also hüpft es wieder los, und bumm! Es fällt wieder hin. Ajahn Chah fuhr mit der Geschichte fort, wie das arme kleine Eichhörnchen immer wieder auf den Boden fiel, bis der Mönch – der schon gedacht hatte, dass er nie wieder lachen würde – sich im wahrsten Sinne des Wortes vor lauter Lachen auf dem Boden der Kuti rollte.

Einige Zeit später fühlte er sich trotz aller Bemühungen, den Regeln zu folgen und fleißig zu praktizieren wieder von seiner eigenen Unfähigkeit entmutigt, den hohen Idealen bezüglich des Klosterlebens und der Meditation zu entsprechen. Er ging zu Ajahn Chah, um seine Frustration zum Ausdruck zu bringen. Ajahn Chah erzählte ihm eine Geschichte.

„Es gab einmal einen Esel, der gern dem Gesang der Grillen zuhörte. Der Esel dachte: ‚Wie wunderbar es doch wäre, so singen zu können!‘ Er befragte die anderen Tiere, worin das Geheimnis der Grillen bestand, und sie sagten ihm, dass die Grillen Tau tränken.

Also ging er jeden Morgen los und leckte die Tautropfen von den Grashalmen. Und eines Tages öffnete er schließlich sein Maul um zu singen. Aber was herauskam, war immer noch der Schrei eines Esels.“

Teil Sechs

DEN PFAD VOLLENDEN

37

Die Probleme beenden

Was immer die verschiedenen Charakteranlagen der Menschen sein mögen – egal, welche Art von Begehren, Aversion, Täuschung oder Stolz sie haben mögen – der Buddha lehrte, wie man diese Dinge durch Übung zunächst reduziert und schließlich beendet. Das ist die beste Art des Wissens. In den weltlichen Wissenschaften studieren unterschiedliche Menschen unterschiedliche Dinge und erlangen diverse Arten von Wissen. Manche erreichen höhere Positionen und halten sich dann für bedeutend. Das führt dazu, dass die Menschen nicht miteinander auskommen und die Harmonie innerhalb der Gesellschaft nachlässt. Das ist der Weg des externen Wissens und externer Disziplinen.

Auf dem Buddha-Weg sind wir bereit, uns die Wahrheit über die Dinge anzuhören und zu versuchen, ein Verständnis von dem zu erlangen, was wahr und richtig ist. Und wozu? Es dient der Lösung unserer Probleme. Unsere Dharma-Praxis soll all jene Probleme lösen, die wir in der Welt erleben, sowohl unsere eigenen Probleme als auch die der anderen, familiäre Probleme – jedes der zahlreichen und schwierigen Probleme, mit denen die Menschen heutzutage konfrontiert sind.

Es gibt viele Arten von Problemen, aber der Buddha lehrte den echten und endgültigen Weg, um sie zu lösen. Im Grunde besteht die wahre Lösung in der Erkenntnis, dass es niemanden gibt, der Probleme löst, und dass es keine Probleme gibt. Es gibt niemanden, um Probleme zu lösen, also existieren jene Probleme nicht. Genau zu dieser Erkenntnis sollte man gelangen. Wenn es jemanden gibt, der Probleme löst, dann gibt es eine Menge Probleme, und es wird auch kein Ende geben – denn das ist der Lauf der Welt.

Aus der Perspektive des Dharma sagen wir, dass es niemanden gibt, der Probleme lösen könnte, und dass es keine Probleme gibt. So können wir das beenden; das ist der Weg zu innerem Frieden. Wenn es jemanden gibt, der Probleme löst, dann wird es immer Probleme geben. Wenn wir Probleme wahrnehmen, dann gibt es jemanden, der Probleme löst.

Um ein kleines Beispiel zu geben: In der Vergangenheit waren die Bedingungen hier ziemlich einfach. Wir hatten selten Überschwemmungen, denn es gab noch keine Dämme. Heutzutage ist die Armut ein ernstes Problem geworden. Weil die Menschen nicht genügend Lebensmittel anbauen können, werden überall Flüsse gestaut. Viel Wald ist dafür gerodet worden. Wenn es heftigen Regen gibt, schwappt das Wasser über die Dämme. Folglich müssen die Dämme geöffnet werden und die Dörfer und Städte weiter unten werden überschwemmt. In der Vergangenheit überließen wir die Natur sich selbst, und das Wasser floss gleichmäßig, ohne dass es zu Überschwemmungen kam. So folgt auf einen Fortschritt eine Art Verlust. Wenn man nichts tut, dann leiden die Menschen unter Armut und Knappheit. Unternimmt man Schritte, um die Zustände zu verbessern, tauchen irgendwelche anderen Probleme auf. Die Welt ist nun mal so; es gibt keinen Weg, um die Dinge ein für alle Mal zu lösen und sie damit zu beenden. Die Voraussetzung, unter der Dinge ein wirkliches Ende finden können, ist dann gegeben, wenn es keine Probleme gibt und auch niemanden, der Probleme löst. Fertig!

Was sollen wir tun? Als Menschen, die in diese Welt hineingeboren sind, stehen wir vor vielen Schwierigkeiten. Angesichts so vieler Lebewesen, die gemeinsam auf der Welt existieren, sind Zwietracht und Verwirrung praktisch vorprogrammiert. Der Buddha sagte, dass, wenn es Probleme gibt, ist auch jemand da um sie zu lösen. Und wenn es jemanden gibt, der Probleme löst, dann wird es immer Probleme geben. Wenn es Geburt gibt, dann wird es den Tod geben.

Die meisten von uns sind für die Geburt. Den Tod brauchen wir nicht zu suchen, weil er automatisch mit der Geburt einhergeht. Es sind zwei Seiten derselben Medaille. Egal, wie sehr wir den Tod ablehnen, er folgt uns wie ein Schatten. Das ist eine natürliche Tatsache, die schwer zu akzeptieren ist. Wir haben das Gefühl: „Ich bin froh, dass ich geboren bin, aber ich möchte nicht sterben." Oder, wenn wir schon sterben müssen, dann lass die anderen vorher sterben, und wir kommen dann nach. Lass uns so lange wie möglich leben. Aber bedeutet das nicht auch eine Menge Leid, so lange zu leben, 90 Jahre oder mehr? Wir glauben, dass es ein langes Leben uns glücklich machen wird. Mit dieser Art zu denken täuschen wir uns. Es ist wie mit dem Ein- und Ausatmen: Wenn du denkst, dass geboren zu werden ohne zu sterben so großartig wäre, dann versuch mal, nach dem Einatmen die Atmung anzuhalten.

Was hat mehr Wert, das Einatmen oder das Ausatmen? Denk mal drüber nach. Es ist wie geboren werden und sterben. Wenn du glaubst, dass das Einatmen wichtiger sei, dann versuch mal, nur einzuatmen ohne auszuatmen. Wie viele Minuten hältst du das aus? Oder wenn du glaubst, dass Ausatmen wichtiger sei, versuch mal auszuatmen, ohne wieder einzuatmen.

Für mich ist die Lehre des Buddha genau richtig. Der Buddha erkennt die Kontinuität von Geburt und Tod an. Und er sagt dazu: „Wer die Leerheit sieht, dem kann der Herr des Todes nicht folgen." Der Tod wird uns dann nicht betreffen. Und warum ist das so? Weil es kein „uns" gibt.

Diese Ansammlung, die hier gerade sitzt, nannte der Buddha *Khandhas*, bzw. „Anhäufungen" – der Haufen der physischen Form, der Haufen des Gefühls, der Haufen der Wahrnehmung, der Haufen der Gedanken, der Haufen des Bewusstseins. All das zusammen macht ein menschliches Wesen aus. Es gibt nur diese fünf Haufen. Wo ist die Person? Die Person wird lediglich der Sammlung von Erde, Wasser, Feuer und Luft zugeordnet; diese Elemente werden herkömmlich als Person angesehen. Der Herr des Todes kann die Person nicht verfolgen und kann sie nicht finden. Er kann nur den Elementen der Erde, des Wassers, des Feuers und der Luft folgen, die auseinanderfallen und sich auflösen. Darin kann keine Person gefunden werden.

Wenn wir erkennen, dass der Körper leer ist, werden wir uns nicht darin aufhalten und der Herr des Todes kann uns nicht finden. Wir sterben nicht! Das stimmt, nicht wahr? Wir sterben nicht, wenn es kein „wir", kein Selbst gibt. Der Buddha sprach über *Anattā*, das Nichtvorhandensein eines Selbst. Aber wenn du das hörst, dann höre bitte genau hin. In der eigentlichen Bedeutung von *Anattā*, wo ist da eine Person? Da sind die Haufen von Erde, Wasser, Feuer und Luft – Leerheit. Obwohl die Dinge leer sind, schaffen wir Konventionen, um darauf hinzuweisen, dass „ich" das bin und dass dies „mir" gehört. Und so kommt das Greifen nach einem Selbst zustande. Wenn Erde, Wasser, Feuer und Luft dann auseinanderfallen, sterben wir, weil wir uns dort eingerichtet haben. Für uns sind jene Dinge nicht leer, vielmehr sind sie ein Selbst. Somit müssen wir sterben und angesichts des Todes Tränen vergießen und trauern. Der Buddha lehrte, dass es lediglich Elemente gibt. Unser Geborenwerden ist nichts weiter als das Zusammenkommen der Elemente. Wenn die Elemente sich voneinander trennen, tangiert uns der Tod nicht, weil wir uns nicht in diesen Dingen aufhalten.

Stell dir eine Biene vor, die aus ihrer Wabe schlüpft. Wenn die Biene zum Vorschein kommt, lässt sie eine leere Hülle zurück. Wo ist die Biene? Wenn wir uns nur die Wabe anschauen, werden wir es nicht wissen, denn die Biene lebt dort nicht mehr.

Deshalb lehrte der Buddha, Vorstellungen von einem Selbst zu beseitigen. Wenn wir die Konvention des Selbst und die Realität des Nicht-Selbst verstehen, dann sind die Probleme überwunden. In Wirklichkeit wären die Probleme nicht beseitigt, es wären vielmehr keine Lösungen mehr notwendig. Es gibt keine Probleme, weil es niemanden gibt, der Probleme löst. Wenn wir dies klar erkennen, wird unser Leben frei von Mühen und Auseinandersetzungen sein.

Der Buddha lehrte, man solle *Sankhāra*s kontemplieren – die vergänglichen Phänomene von Körper und Geist – und sie als das erkennen, was sie wirklich sind. Dies ist Weisheit – so wird unsere Betrachtungsweise von der Anhaftung an ein Selbst befreit. Um es ganz simpel auszudrücken: Es gibt niemanden, der stirbt. Wenn wir das Greifen nach einem Selbst aus diesen Dingen entfernen, dann bleibt nur noch das Auseinanderbrechen von Erde, Wasser, Feuer und Luft übrig.

Es gibt eine Geschichte über den ehrwürdigen Sāriputta, einem der herausragendsten Schüler des Buddha, der den Mönch Gunamantani unterweist. Gunamantani, ein Schüler Sāriputtas, bereitete sich darauf vor, als Asket auf Wanderschaft (Thai: *Tudong*; Pāli: *dhutaṅga*) zu gehen.

Er hatte das Gefühl, dass er bereit war loszugehen. Doch wenn man sich auf *Tudong* begibt, trifft man auf alle möglichen Hindernisse und Schwierigkeiten. Als sein Lehrer wollte Sāriputta überprüfen, über wieviel Wissen Gunamantani verfügte, bevor dieser allein auf Reisen ging. Er wollte herausfinden, ob sein Schüler wirklich gut vorbereitet war. So stellte Sāriputta ihm die Frage: „Sollte es da jemanden wie zum Beispiel einen Weisen oder einen gewöhnlichen Haushälter geben, der dich fragt: ‚Ehrwürdiger Gunamantani, wenn erleuchtete Wesen sterben, wo werden sie dann wiedergeboren?' – was wirst du dann antworten?"

Der ehrwürdige Gunamantani antwortete: „Ich werde ihnen sagen, dass Form, Gefühl, Wahrnehmung, Gedanken und Bewusstsein erscheinen und dann aufhören zu existieren."

Diese Geschichte habe ich während meiner Studienjahre gelesen und sie ergab anfangs überhaupt keinen Sinn für mich. Eine Person stellt eine Frage, die Antwort der anderen Person bezieht sich auf etwas ganz anderes: ein wirklicher Austausch scheint zwischen den beiden gar nicht stattzufinden. Doch natürlich macht es Sinn, denn die zweite Person beantwortet die Frage wirklich so authentisch wie möglich, nur war ich leider zu jener Zeit zu ignorant, um das zu verstehen. Als Gunamantani gefragt wurde, was aus einem *Ariya* (Erleuchteten, Erwachten) nach seinem Ableben wird, hat er nicht direkt geantwortet. Er sagte nur, „dass da Form, Gefühl, Wahrnehmung, Gedanken und Bewusstsein erschienen sind und die dann aufhören zu existieren", denn solche Menschen sterben nicht. Es sind lediglich Aggregate, die erscheinen und wieder verschwinden. Sie wohnen dort nicht. Sie sterben nicht und werden nicht geboren. Das ist alles, was es dazu zu sagen gibt. Es gibt keine Antwort, da es keine wirkliche Frage und kein echtes Problem gibt und auch niemanden, der Probleme löst. Damit findet alles sein Ende.

Verstehst du, wie die Dinge enden? Sie enden damit, dass es gar nichts gibt. Aber wenn jemand darüber spricht, dass er nichts hat oder dass es da nichts gibt, fühlen wir uns wirklich entmutigt – denn schließlich besitzen wir ja eine ganze Menge. Was geschieht mit all den Sachen, die wir zu Hause haben? Achte darauf, wie du darüber denkst! Mach dir nicht zu viele Sorgen über die Dinge, die du besitzt, denn sie gehören dir nicht wirklich.

Irgendwie begreifen wir es einfach nicht. Wir mögen es vielleicht verstehen wollen, aber es ist so schwierig. Wir hören zu und überlegen; es mag richtig sein und irgendwie verstehen wir es ja auch, aber wir kapieren es nicht wirklich. Die geistigen Verunreinigungen sind stark und sie blockieren uns.

Die Gier hat uns im Griff. Wenn die Menschen zum Beispiel etwas über Bedürfnislosigkeit hören, dann ist das überhaupt nicht befriedigend für sie. Sie haben so viele Wünsche, wollen so viel und werden normalerweise nicht damit aufhören, bis sie kein Land mehr sehen und Schiffbruch erleiden. Sie gehen in eine völlig andere Richtung als der Dharma.

Den Lehren des Buddha müssen wir aufmerksam zuhören. Er lehrte die Menschen den Dharma, damit sie über das Leid hinausgehen und frei von jeglichem Leiden leben können. Wie wird das sein, wenn es kein Leid mehr gibt? Es wird kein Selbst, kein „mir" und „meins" mehr geben. Mit jenem „*kein mir und meins*" sollte man jedoch weise umgehen, damit ein Nutzen entsteht. Wenn wir zum Beispiel sagen: „Dieser Körper gehört mir nicht," und wir ihn dann mit einer Waffe zerstören, dann bringt das überhaupt keinen Nutzen. „Diese Teller und Tassen gehören nicht mir, also könnte ich sie genauso gut zerdeppern und wegwerfen" – wer so handelt, ist unsagbar ignorant. Oder wenn du dich wegen deiner Kinder überlastet fühlst, könntest du denken: „Nun, die Lehren besagen, dass diese Kinder mir nicht wirklich gehören, also kann ich sie verlassen." Tu das bloß nicht!

Wenn da kein Selbst ist, wie kann es dann etwas geben, was zu einem Selbst gehört? Denke gründlich darüber nach. Es sollte eigentlich offensichtlich sein. Wenn ein „Ich" vorhanden ist, dann gibt es Dinge, die „mir" gehören. Dieses Glas hier wird dann zu *meinem* Glas. Wenn kein „Ich" da ist, dann gehört das Glas mir nicht. Wenn etwas zerbricht oder verlorengeht, dann ist das so, als würde man dabei zusehen, wie das Eigentum von jemand anderem zerbricht oder verlorengeht. Man wird nicht in demselben Maße leiden, als wenn es einem selbst gehörte. Es hängt vollkommen davon ab, ob die Vorstellung eines Selbst daran beteiligt ist oder nicht. Also wird uns gesagt, wir sollten diese Masse von Selbst zerstören, sie mit Weisheit zerstören – denn wir können sie nicht zerstören, indem wir sie erdolchen und begraben. Das Ziel des Buddha ist, die Welt vollständig zu kennen. Wenn wir sie gut kennen, dann gibt es keine Schwierigkeiten, denn wir werden die Welt nicht auf unseren Schultern tragen. Aber ohne Erkenntnis und Wissen tragen wir absolut alles.

Die Menschen von heute sind mit jemandem vergleichbar, der eine Wassertonne zu füllen versucht, ohne das Wasser durch die Öffnung zu gießen. Diese Menschen gießen das Wasser überall hin, die Tonne wird aber auf diese Weise nicht gefüllt. Sie könnten ein Jahr oder ein ganzes Leben lang Wasser gießen, ohne sie auf diese Weise zu füllen. So sind die Begierden der heutigen Menschen: Weil sie permanent auf der Suche nach mehr sind, sind sie nie zufrieden.

Die Armen sind voller Verlangen und begehren noch mehr. Die Reichen sind ebenfalls voller Verlangen und begehren noch mehr. Mittlerweile sind keine reichen Leute mehr zu finden; alle sind durch ihre Begierden verarmt. Begehren beschert uns solch immenses Leid. Das ist etwas, was wir wirklich untersuchen und reflektieren sollten.

Ich habe jetzt fast dreißig Jahre lang Menschen unterwiesen und ausgebildet. Ich glaube, dass es von wesentlicher Bedeutung ist, dass die Menschen wenigstens den Dharma verwirklichen, um ihre Last zu erleichtern und nicht allzu lange im Daseinskreislauf zu bleiben. Wenn du wenigstens in den Strom des Erwachens eintreten und sicherstellen kannst, dass es keine achte Wiedergeburt geben wird, dann wäre das schon ziemlich gut. Sorge dafür, dass du nicht in solch erbärmlichen Formen wiedergeboren wirst wie als Floh oder Laus, als Schildkröte, Schwein oder Hund, als tauber oder blinder Mensch oder andere Arten von unglücklichen Wesen. Wir haben nicht die geringste Vorstellung davon, wo wir einmal enden könnten, wenn wir jetzt nicht den Ausweg finden.

Unser Studium und unsere Praxis zielt einzig und allein darauf ab, nicht mehr leiden müssen. Kein Leid! Es bedeutet, dass uns das Leiden nicht finden kann. Der Herr des Todes kann uns nicht finden.

Es gibt physische Formen, Gefühle, Wahrnehmungen, Gedanken und Bewusstsein. Sie erscheinen und verschwinden; es gibt darin keine Person, sondern nur vergängliche und unzuverlässige Phänomene. Wenn man denkt, dass man stirbt, wird man hier und dort wiedergeboren, und zwar immer wieder. Man wird endlos leiden, weil es nicht beendet ist.

Der Überwinder (der Buddha) ist jemand, der ans Ende gelangt ist. Der in jeder Beziehung fertig ist, der mit allem abgeschlossen hat. Aber wenn wir über „abgeschlossen" sprechen, fühlen sich die Menschen unbehaglich. Sie denken, dass es dann keinen Ort mehr geben wird, an dem sie leben könnten. Sie hören etwas von „beendet", „erledigt", „nichts mehr", usw., und da sie es nicht verstehen, können sie nicht sehen, dass es ein Zustand der Zufriedenheit und Wohlbefindens sein wird.

Es ist recht schwierig, diese Botschaft wirklich zu vermitteln. Wir sprechen über das Überweltliche, darüber, die Welt zu transzendieren – und zwar alle Gewohnheiten und Ansichten, alles Denken und Fühlen der Menschen auf der Welt. Mit „weltlich" ist gemeint, dass man der Welt zugehörig ist. Was immer wir in der Welt erreichen oder bekommen, es ist immer noch weltlich und dem Verfall und Verlust unterworfen. Also lass dich davon nicht mitreißen. Es ist wie bei einem Käfer, der in der Erde wühlt. Er kann zwar einen Haufen aufwerfen, der viel größer ist als er selbst, aber es handelt sich doch nur um einen Haufen Dreck. Wenn er hart genug arbeitet, kann er ein tiefes Loch in den Boden graben, aber es ist nur ein Loch im Dreck. Wenn ein Wasserbüffel dort eine Ladung Dung fallen lässt, dann wird der größer sein als der Erdhaufen des Käfers, aber er wird immer noch nicht bis zum Himmel reichen. Es ist alles nur Dreck. Weltliche Errungenschaften sind genauso. Egal, wie hart die Käfer arbeiten, sie beschäftigen sich nur mit Dreck und machen nichts weiter als Löcher und Haufen.

Menschen mit gutem weltlichen Karma besitzen die Intelligenz, in der Welt gut zurechtzukommen. Aber unabhängig davon, wie gut sie klarkommen, sie leben immer noch in der Welt. All die Dinge, die sie tun, sind weltlicher Natur und haben ihre Grenzen, wie bei dem Käfer, der sich in die Erde eingräbt. Das Loch mag sehr tief gehen, aber es ist in der Erde. Der Haufen mag hoch werden, aber es ist nur ein Haufen Dreck. Es sich gut gehen lassen und viel erreichen: Nur im weltlichen Sinne geht es uns gut und nur im weltlichen Sinne erreichen wir viel.

Weltliches Wissen und weltliche Errungenschaften, egal auf welcher Ebene, halten einen immer noch in diesem Reich des Leidens. Was immer an Lebensglück da sein mag, ist in Abhängigkeit von äußeren Dingen entstanden. Es ist nicht die völlige Zufriedenheit der Freiheit, die Zufriedenheit, die von nicht von äußeren Dingen abhängt. Wovon sind wir abhängig? Wir sind von Besitz, Vergnügen, Ansehen, Lob und Wohlstand abhängig. Wir stützen uns auf all diese Dinge so, als würde man sich auf einen alten, verrotteten Baumstumpf stützen. Wenn wir uns zu lange auf ihn stützen, dann gibt er nach und fällt zu Boden, und wir fallen gleich mit. So ist das weltliche Glück beschaffen. Doch der Buddha wollte, dass wir etwas darüber wissen. Du lebst inmitten dieser Dinge, also sei dir gewahr, womit du es zu tun hast.

Eine giftige Flüssigkeit ist gefährlich, wenn jemand sie zu sich nimmt. Wie stark das Gift aber auch sein mag: Für die Person, die weiß, worum es sich handelt und es nicht herunterschluckt, stellt es keine Gefahr dar. Die Person, die das Gift herstellt, hat das Gefühl, es sei gut – aber es ist auf eine schlechte Art gut. Sie will es verkaufen, also muss sie dafür werben: „Diese Mixtur ist wirklich gut! Wenn du es einer Ratte gibst, wird die Ratte sterben. Gibst du es einem Hund, wird der Hund sterben. Es tötet alles und jeden, dem du es verabreichst. Es kann Hühner, Enten und sogar Menschen töten! So gut ist mein Produkt!"

„Nun, wenn es so gut ist, warum nimmst du es dann nicht?"

„Oh nein, ich werde es nicht einnehmen."

„Warum nicht?"

„Es eignet sich gut zum Töten von Menschen und Tieren, aber es ist nichts für mich."

Dieses „Gut", welches sich außerhalb des Dharma befindet, ist so beschaffen – es ist nur in einem gewissen Umfang gut. Die Person, die ihr Gift als etwas so Wunderbares beworben hat, wird es selbst nicht einnehmen. Sie spricht darüber, dass es etwas wirklich Gutes sei, aber sie weiß, dass es tötet, und sie liebt ihr eigenes Leben. Es gibt viele Dinge, welche die Menschen als gut bezeichnen. Aber der Dharma des Buddha ist vollständig und fügt niemandem Schaden zu. Er ist gut erläutert und voller Vernunft. Und dennoch haben die Menschen Schwierigkeiten, wenn sie auf ihn treffen und ihn zu verstehen versuchen, denn ihr Haften an einem Selbst behindert sie. Aber wenn du loslassen kannst, so wie wir es besprochen haben, dann werden die Belastungen durch Begierde, Ärger und Verblendung in deinem Leben nachlassen.

Wenn du erkennen kannst, dass es nur Aggregate und Elemente gibt, und dass der Begriff „Person" lediglich eine Zuschreibung ist – wenn du das wirklich deutlich siehst, dann können andere sagen, was sie wollen. Es wird dir nicht viel ausmachen. Egal, ob man dich verleumdet oder beleidigt, es wird dir nichts ausmachen. Aber jemand, der dies nicht versteht, würde sich nicht allzu gut dabei fühlen. Er wird die Zähne zusammenbeißen und sich wirklich anstrengen müssen, um sich zu beherrschen.

Wenn wir den Dharma wirklich auf diese Weise akzeptieren, werden wir nicht von Problemen geplagt werden. Wir brauchen keine Probleme zu lösen, denn sie werden sich von selbst gelöst haben. Warum ist diese Welt so voller Schwierigkeiten? Weil wir unseren Neigungen folgen und die Dinge so haben wollen, wie wir sie uns vorstellen. Wir wollen alles so und nicht anders. Doch die Dinge können nun mal nicht immer so sein, wie wir uns das wünschen. Wir haben Vorstellungen davon, wie Menschen und Situationen sein sollten. Weil die Menschen und die Situationen aber nicht unseren Vorstellungen entsprechen, sind wir verärgert und beleidigt.

Eheleute haben keinen Frieden im Herzen, weil sie sich durch ihre Kinder behelligt und genervt fühlen. Und sie lassen sich auch gegenseitig keine Ruhe. Sie fühlen sich vom Hund und von der Katze geplagt. Sie machen sich Sorgen wegen ihrer Arbeit. Sie fühlen sich von Freunden und Nachbarn gestört. Und mit diesem Gefühl der Verärgerung sind Ängste und Sorgen ihre ständigen Begleiter. Deshalb leiden sie.

Wo wird man dann leben? Wenn du von allen Leuten verlangst, dass ihr Sprechen und Handeln angemessen und umgänglich sein sollte, wo kannst du dich in dieser Welt dann noch aufhalten? Das Einzige, was du mit einer solchen Haltung bekommen wirst, ist ein trostloses Dasein mit endlosem Leiden. Wenn wir davon abhängig sind, dass andere Menschen stets auf eine Art und Weise sprechen und handeln, die für uns angenehm ist, können wir dann jemals glücklich sein? Selbst ein Ehepaar, das in einer gemeinsamen Wohnung lebt, wird fast täglich eine Meinungsverschiedenheit haben und sich streiten – wenn nicht heftig, dann wenigstens ein bisschen. Wenn du glaubst, dass der Weg zum Glück darin besteht, dass niemand etwas Unfreundliches zu dir sagt, dann wirst du in dieser Welt keine Ruhe finden. Es ist ein trostloses Dasein; Tag für Tag begegnet uns Leid. Wir wollen glücklich sein, aber wie wollen wir je Glück finden, wenn sich unsere Einstellung nicht in Übereinstimmung mit der Realität befindet?

Wie können wir dem Leiden also entkommen? Ich gebe euch allen dies als Hausaufgabe auf. Überdenkt es sorgfältig: Ihr rudert in einem Boot über einen Fluss. Ihr müsst euch sehr anstrengen, um auf die andere Seite zu kommen. Aber wenn ihr ungeschickt seid, kann es sein, dass es auch nach dem Erreichen des anderen Ufers immer noch nicht vorbei ist. Wenn ihr nach wie vor das Boot mit euch herumtragt, während ihr durch den Wald lauft, dann werdet ihr an die Bäume stoßen.

Ich mache euch dieses Angebot, damit ihr euer Verständnis vertiefen könnt. Wer den Dharma trotz Studium und gewonnenem Verständnis nicht verwirklicht, wird immer noch nicht frei sein. Bildet euch nicht ein, vollkommen zu sein, wenn ihr den Dharma nur gelernt, verstanden und praktiziert habt. Eure Tränen werden immer noch fließen. Erst wenn wir Dharma sind, sehen wir nur Haufen von Erde, Wasser, Feuer und Luft. Nun, wir sind noch ziemlich weit davon entfernt, nicht wahr? Ich sage das alles nicht zum Spaß.

Ich sage dies diejenigen, die zur Essenz des Dharma vordringen wollen. Es geht nicht nur darum, dass man als Belohnung für gute Taten ein komfortables Leben führt. So werdet ihr nur weiter Brücken und Straßen bauen, um hier oder dort wiedergeboren zu werden. So werden die Probleme jedoch nicht verschwinden. Lasst euch dies ganz unverblümt und direkt sagen: Jeder, der nicht die richtige Perspektive besitzt, wird das Gefühl haben, dass ihm das Genick gebrochen wird. Das ist der Dharma für Erwachsene.

Die Menschen haben so viele Wünsche. Aber am Ende ist der Ort, wo wir hinkommen wollen, derjenige, wo alles getan, beendet und losgelassen wurde. Wir befreien uns nicht von etwas, indem wir es in den Fluss werfen, sondern wir beenden es durch Weisheit. Dann leben wir glücklich und zufrieden, ohne zu leiden. Wir leiden nicht bei unserer Arbeit, wir leiden nicht in unseren Beziehungen zu anderen Menschen. Wir leiden nicht, wenn wir krank werden – wir erkennen, dass es nur Erde, Wasser, Feuer und Luft gibt. Es gibt keine Probleme und niemanden, der Probleme zu lösen hätte. Auf diese Weise ist es beendet.

38

Die Suche nach einem Lehrer

Ajahn Chah und ein potenzieller Schüler

Ein in Meditation erfahrener Mönch aus dem Süden Thailands, der bereits den Ruf eines Meisters hatte, besuchte Ajahn Chah und bat ihn darum, sein Schüler sein zu dürfen. Aber Ajahn Chah sagte nur zu ihm: „Wenn du einen Lehrer suchst, wirst du keinen Lehrer finden. Wenn du einen Lehrer hast, dann hast du keinen Lehrer. Wenn du bei mir bleibst, wirst du mich nicht sehen. Wenn du den Lehrer aufgibst, dann wirst du den Lehrer finden."

Von der Kürze der Unterweisung etwas enttäuscht, aber immer noch in dem Vertrauen, dass Ajahn Chah ein Mann höchster Weisheit war, erwies der Mönch seinen Respekt und begab sich in den Wald, um diese Worte zu kontemplieren. Indem er die ganze Nacht durch meditierte, erkannte er schließlich, dass Ajahn Chah ihm vermitteln wollte, der wahre Dhamma könne nur im Herzen eines jeden Individuums gefunden werden, und dass allein dieser Dhamma der wahre Lehrer sei. Am folgenden Morgen präsentierte er seine Erkenntnis. Ajahn Chah gab seine Zustimmung, und der Mönch kehrte mit dem Gefühl in sein Kloster zurück, dass sein Besuch bei Ajahn Chah seinen Zweck erfüllt habe.

39

Eine weise Krabbe

Es gab einmal einen großen Teich voller Fische. Im Laufe der Zeit fiel immer weniger Regen und der Teich wurde sehr seicht. Eines Tages erschien ein Vogel am Rand des Teichs. Er sagte zu den Fischen: „Ich habe großes Mitleid mit euch Fischen. Hier habt ihr ja noch nicht einmal genug Wasser, um euren Rücken nass zu halten. Wisst ihr eigentlich, dass es nicht weit von hier einen großen See gibt, der mehrere Meter tief ist und in dem die Fische fröhlich umherschwimmen?"

Als die Fische in dem seichten Teich das hörten, wurden sie sehr aufgeregt. Sie sagten zu dem Vogel: „Das hört sich ja gut an. Aber wie kommen wir da hin?"

Der Vogel sagte: „Kein Problem. Ich trage euch in meinem Schnabel hinüber, einen nach dem anderen."

Die Fische diskutierten das untereinander: „Es ist wirklich nicht mehr so toll hier bei uns. Das Wasser bedeckt noch nicht einmal unsere Köpfe. Wir sollten gehen." Also reihten sie sich auf, um von dem Vogel transportiert zu werden.

Der Vogel nahm jeweils einen Fisch ins Maul. Sobald er außer Sichtweite des Teiches war, landete er und fraß den Fisch. Dann kehrte er zum Teich zurück und erzählte den anderen Fischen: „Euer Freund schwimmt in diesem Moment bereits glücklich und zufrieden im See und er lässt fragen, wann ihr euch ihm anschließen werdet!"

Für die Fische hörte sich das großartig an. Sie konnten es kaum abwarten, dorthin zu kommen und begannen zu drängeln, um an die Spitze der Warteschlange zu kommen.

Der Vogel machte so auf diese Art allen Fischen den Garaus. Er flog zurück zum Teich, um zu schauen, ob er noch mehr finden könnte, aber es war nur noch eine Krabbe übrig. Der Vogel begann also mit seiner Verkaufsmasche über den See.

Die Krabbe war jedoch etwas skeptisch und fragte den Vogel, wie er denn dorthin käme. Der Vogel antwortete ihm, dass er ihn in seinem

Schnabel tragen würde. Doch diese Krabbe war weise. Sie sagte zu dem Vogel: „Lass es uns folgendermaßen machen: Ich sitze auf deinem Rücken mit meinen Armen um deinen Hals. Wenn du irgendwelche Tricks versuchst, dann erwürge ich dich mit meinen Scheren."

Den Vogel frustrierte das, aber er dachte sich, es sei einen Versuch wert, denn er könnte ja vielleicht auf diese Art die Krabbe doch noch zu fressen kriegen. Also krabbelte die Krabbe auf seinen Rücken und sie flogen los.

Der Vogel flog herum und hielt nach einem guten Landeplatz Ausschau. Aber sobald er versuchte, nach unten zu sinken, begann die Krabbe mit ihren Scheren gegen seinen Hals zu drücken. Der Vogel konnte nicht einmal mehr einen Schrei ausstoßen – er gab nur noch ein trockenes Krächzen von sich. Am Ende musste er also aufgeben und die Krabbe zurück zum Teich bringen.

Wenn ihr wie diese Fische seid, dann werdet ihr den Stimmen zuhören, die euch erzählen, wie wunderbar alles sein könnte, wenn ihr nur einfach zur weltlichen Lebensart zurückkehren würdet. Das ist ein Hindernis, dem wir auf dem Pfad begegnen werden. Also hoffe ich, dass ihr so weise sein werdet wie die Krabbe.

40

Letzte Ratschläge

Wenn der Geist ungeübt ist, neigt er dazu, ausschließlich seinen eigenen Vorlieben und Abneigungen zu glauben. Was wir mögen, ist gut, und was wir nicht mögen, ist schlecht. Wir könnten uns sogar dafür entscheiden, schädliche Dinge als gut zu betrachten. Das stimmt jedoch nur in Bezug auf unser eigenes unzuverlässiges und veränderliches Gemüt. Es hat überhaupt nichts mit dem Dharma zu tun und es ist nicht wahr im Lichte der Realität.

Folglich wird gelehrt, dass wir den Geist zum Dharma „hinüberzerren" sollten, um in den Dharma einzutreten. Versuche nicht, den Dhamma zum Geist hinüber zu zerren. So entspricht es z. B. den gesellschaftlichen Gepflogenheiten, dass eine normale, unbedeutende Person eine höhergestellte, bedeutende Person aufsucht. Die wichtige Person braucht nicht zu einer gewöhnlichen Person zu gehen. Wenn wir den Weg des Buddha vollenden wollen, dann sollten wir willens sein, den Buddha und seine Lehre aufzusuchen und uns ihnen zu unterwerfen. Wir erwarten nicht, dass der Buddha kommt und sich seinen Schülern unterwirft. Das ist eine altehrwürdige und bewährte Tradition.

Entscheidest du, dass etwas gut und richtig ist, nur weil du es magst? Es ist nur aufgrund deiner Gewohnheiten gut. Das ist die konfuse Sichtweise eines ungebildeten Herzens. Solange der Geist noch ungeübt ist, müssen wir ihn zum Dharma drängen und ihn dann stufenweise mit dem Dharma in Einklang bringen. Letztendlich ist der Geist Dharma und Dharma ist der Geist. Dann sind alle Aktivitäten Dharma. Denken ist Dharma. Alles was wir tun, ist Dharma; es ist die Wahrheit.

In einem Wald lebten einmal eine Schildkröte und eine Schlange. Es gab einen Waldbrand und die Tiere des Waldes versuchten, zu fliehen. Die Schildkröte rumpelte schwerfällig dahin und sah dann, wie die Schlange an ihr vorbeiglitt. Sie hatte Mitleid mit jener Schlange. Und warum? Die Schlange hatte keine Beine, und die Schildkröte dachte sich, dass sie so niemals dem Feuer entkommen würde. Sie wollte der Schlange helfen. Doch als sich das Feuer weiter ausbreitete, konnte die Schlange leicht fliehen, während die Schildkröte es sogar mit ihren vier Beinen nicht schaffte und dort starb.

Das war die Ignoranz der Schildkröte. Sie dachte, wenn du Beine hast, kannst du dich bewegen. Wenn du keine hast, kommst du nirgendwohin. Also machte sie sich Sorgen um die Schlange. Sie dachte, die Schlange würde sterben, weil sie keine Beine hatte. Aber die Schlange blieb ganz cool und war nicht beunruhigt, weil sie der Gefahr ganz leicht entkommen konnte.

Dies ist eine Möglichkeit, um mit Menschen zu sprechen, die konfuse Vorstellungen haben. Weil du ihre Ansichten und ihr Wissen nicht teilst, und nicht so bist wie sie, werden sie dich bemitleiden und für dumm halten. Aber wer ist hier wirklich ignorant?

Die Leute schauen dich an und haben vielleicht das Gefühl, dass dein Lebensstil, dein Interesse am Dharma keinen Sinn ergibt. Andere sagen vielleicht, dass du ordinieren musst, wenn du den Dharma praktizieren willst. Ordinieren oder nicht ordinieren ist nicht der entscheidende Punkt, sondern die Art und Weise, wie du praktizierst.

Laienpraktizierende leben im Reich der Sinnlichkeit. Sie haben Familie, Geld und Besitz und sind zutiefst in alle möglichen Aktivitäten involviert. Doch manchmal gewinnen sie Einsicht und sehen den Dharma noch vor den Mönchen und Nonnen. Warum ist das so? Weil sie unter all diesen Dingen leiden. Sie sehen die Fehler und Mängel und können loslassen. Sie können es ablegen, nachdem sie es klar durch ihre eigene Erfahrung gesehen haben. Dadurch, dass sie den Schaden sehen und loslassen, sind sie dann in der Lage, ihre Positionen im weltlichen Leben gut zu nutzen und andere zu fördern.

Wir Ordinierten, auf der anderen Seite, könnten hier herumsitzen und darüber fantasieren, wie großartig das Laienleben sein könnte. „Oh ja, ich könnte meine Felder bearbeiten und Geld verdienen. Dann könnte ich eine nette Familie und ein gemütliches Zuhause haben.“ Wir wissen nicht, wie es wirklich ist. Die Laien plagen sich da draußen auf den Feldern ab und kämpfen darum, etwas Geld zu verdienen, um zu überleben. Aber für uns sind das alles nur Fantasiegebilde.

Die Laien leben mit einer gewissen Gründlichkeit und Klarheit. Was auch immer sie tun, sie tun es wirklich. Sogar wenn sie sich betrinken, tun sie das gründlich und machen die Erfahrung, wie das tatsächlich ist, während wir uns nur vorstellen können, wie es ist. Deshalb können sie aufgrund ihrer Erfahrung der Dinge überdrüssig werden und den Dharma schneller verwirklichen als die Mönche.

Man sollte sein eigener Zeuge sein. Nimm nicht andere als deine Zeugen. Das bedeutet, dass du lernst, dir selbst zu vertrauen. Die Leute mögen denken, dass du verrückt bist, aber das macht nichts. Es bedeutet nur, dass sie überhaupt nichts vom Dharma verstehen. Aber wenn es dir an Zuversicht mangelt und du dich stattdessen auf die Meinungen unerleuchteter Menschen verlässt, könntest du dich leicht davon abhalten lassen. In Thailand ist es heutzutage für junge Menschen schwierig, ihr Interesse am Dharma aufrechtzuerhalten. Vielleicht kommen sie ein paar Mal ins Kloster und dann fangen ihre Freunde an, sie zu necken; „Hey, Dharma Dharmo!" Sie ändern ihre Lebensweise und sehen keinen Wert mehr darin, nur Vergnügen zu suchen. Doch ihre Freunde beschweren sich: „Seit du begonnen hast, ins Kloster zu gehen, willst du nicht mehr mit uns abhängen oder einen trinken gehen. Was ist los mit dir?" Also geben sie den Weg oft wieder auf.

Die Worte anderer Leute können deine Praxis nicht einschätzen. Und du wirst den Dharma nicht aufgrund dessen verwirklichen, was andere gesagt haben. Ich meine natürlich den echten Dharma. Die Belehrungen, die andere dir geben können, sind dazu da, dir den Weg zu weisen, aber das ist noch kein authentisches Wissen. Wenn Menschen dem Dharma wirklich begegnen, verwirklichen sie ihn unmittelbar in sich selbst. Deshalb hat der Buddha gesagt, er sei nur derjenige, der den Weg aufzeige. Indem er uns unterweist, vollendet er den Weg nicht für uns. So leicht ist das nicht. Es ist wie mit jemandem, der uns einen Pflug verkauft, um die Felder zu bestellen. Er wird das Pflügen nicht für uns übernehmen. Das müssen wir schon selbst tun. Warte nicht darauf, dass der Händler aktiv wird. Sobald er den Verkauf abgewickelt hat, nimmt er sein Geld und verschwindet. Das ist sein Job.

So ist das auch in Bezug auf die Praxis. Der Buddha zeigt den Weg auf. Er ist nicht derjenige, der ihn für uns geht. Erwarte von einem Landmaschinen-Verkäufer nicht, dass er dein Feld bestellen wird. ist Der Weg wird ein wenig angenehmer für uns, wenn wir ihn auf diese Weise verstehen und ihn selbst gehen. Dann wird unsere Praxis Früchte tragen.

Belehrungen können sehr tiefsinnig sein, aber die Zuhörer verstehen sie möglicherweise nicht. Das macht aber nichts. Sei nicht verwirrt angesichts von Tiefsinnigkeit oder mangelnder Tiefsinnigkeit. Führe einfach die Praxis mit ganzem Herzen aus und du kannst zu echtem Verständnis gelangen. Es wird dich an den Ort bringen, über den die Lehren sprechen.

Verlasse dich nicht auf die Wahrnehmungen gewöhnlicher Menschen. Hast du die Geschichte über die blinden Männer und den Elefanten gelesen? Sie verdeutlicht das Ganze auf sehr eindrucksvolle Weise. Stell dir einen Elefanten und eine Gruppe Blinder vor. Die Blinden sollen nun versuchen, ihn näher zu beschreiben. Einer berührt ein Bein und sagt, er sei wie ein Pfeiler. Ein anderer berührt ein Ohr und sagt, er sei wie ein Fächer. Ein Weiterer fasst seinen Schwanz an und sagt: „Nein, er ist kein Fächer, er ist wie ein Besen." Und jemand berührt den Körper und sagt, dass er noch etwas anderes sei als das, was die anderen gesagt haben.

Es gibt dafür keine Lösung. Jede blinde Person berührt einen Teil des Elefanten und hat daher eine völlig andere Vorstellung von dem, was er ist. Aber es handelt sich trotzdem um ein und denselben Elefanten. Genauso ist es in der Praxis. Mit nur wenig Verständnis oder Erfahrung bekommst du nur begrenzte Vorstellungen. Du kannst von einem Lehrer zum nächsten gehen und dir jeweils Erklärungen und Instruktionen holen, um herauszufinden, ob sie richtig oder falsch lehren und worin sich ihre Lehren voneinander unterscheiden. Manche Leute reisen ständig herum, um von verschiedenen Lehrern zu lernen. Sie versuchen das, was sie hören, zu beurteilen und einzuschätzen. Wenn sie sich dann hinsetzen, um zu meditieren, sind sie permanent verwirrt darüber, was richtig und was falsch ist. „Dieser Lehrer hat dies gesagt, aber jener Lehrer sagte jenes. Einer lehrt auf diese Weise, aber die Methoden des anderen sind grundverschieden davon. Sie scheinen nicht übereinzustimmen." Das kann zu vielen Zweifeln führen.

Vielleicht hörst du, dass bestimmte Lehrer wirklich gut sind, und du gehst los, um Belehrungen von Thai-Ajahns, Zen-Meistern, Vipassanā-Lehrern und anderen zu erhalten. Ich glaube aber, dass die meisten von euch wahrscheinlich schon genug Belehrungen bekommen haben. Aber es besteht die Tendenz, immer noch mehr hören zu wollen, zu vergleichen und als Folge davon schließlich voller Zweifel zu sein. Jeder weitere Lehrer könnte deine Verwirrung sogar noch vergrößern.

Folglich sagte der Buddha: „Ich bin aufgrund meiner eigenen Bemühungen erwacht, ohne einen Lehrer." Ein Wanderasket hatte ihn gefragt: „Wer ist dein Lehrer?" Der Buddha antwortete ihm: „Ich habe keinen Lehrer. Ich habe ganz allein Erleuchtung erlangt." Doch der Wanderasket schüttelte bloß den Kopf und zog von dannen. Er dachte, der Buddha habe eine Geschichte erfunden und hatte daher überhaupt kein Interesse an dem, was der Buddha zu sagen hatte. Er glaubte, es sei unmöglich, irgendetwas ohne einen Lehrer oder Ratgeber zu erreichen.

Du studierst bei einem spirituellen Lehrer und er rät dir, Gier und Ärger aufzugeben. Er sagt dir, dass sie schädlich seien und dass du sie loswerden musst. Dann praktizierst du und versuchst, das umzusetzen. Aber Gier und Ärger wird man nicht einfach dadurch los, weil man unterwiesen wurde. Um das zu vollbringen, musst du wirklich praktizieren. Über die Praxis gelangst du selbst zu einem gewissen Maß an Einsicht. Du siehst Gier in deinem Geist und gibst sie auf. Du siehst Ärger in deinem Geist und gibst ihn auf. Der Lehrer kann sie nicht für dich loswerden. Er mag dir etwas übers Loswerden sagen, aber es geschieht nicht deswegen, weil er es dir sagt. Es geschieht, weil du die Praxis ausführst und zur Erkenntnis gelangst. Du selbst erlangst das Verständnis über diese Dinge.

Es ist, als würde dich der Buddha an die Hand nehmen, dich an den Anfang des Pfades führen und dann zu dir sagen: „Hier ist der Pfad – beschreite ihn." Er hilft dir nicht beim Gehen. Das machst du selbst. Wenn du den Pfad wirklich beschreitest und den Dharma praktizierst, begegnest du dem eigentlichen Dharma, der sich jenseits all dessen befindet, was dir jemand erklären könnte. Man ist also eigenständig erwacht, indem man Vergangenheit, Zukunft und Gegenwart versteht und ein Verständnis von Ursache und Wirkung besitzt. Dann sind sämtliche Zweifel beendet.

Wir sprechen oft über das Aufgeben und Entfalten, über Verzicht und Kultivierung. Sobald aber die Frucht der Praxis verwirklicht wurde, gibt es nichts mehr hinzuzufügen oder wegzunehmen. Der Buddha lehrte, dass dies das Ziel sei, das wir erreichen wollen, aber die Menschen wollen dort nicht bleiben. Ihre Zweifel und Anhaftungen lassen sie nicht zur Ruhe kommen, halten ihre Verwirrung aufrecht und verhindern, dass sie innehalten können. Hat also eine Person das Ziel erreicht, während andere sich jedoch noch auf dem Pfad befinden, dann werden sie nicht in der Lage sein, aus dem schlau zu werden, was erstere vielleicht darüber zu sagen hat. Sie mögen ein intellektuelles Verständnis der Worte besitzen, aber das ist keine echte Erkenntnis der Wahrheit.

Wenn wir über die Praxis sprechen, dann sprechen wir normalerweise über das, was es zu entwickeln und was es abzulegen gilt, darüber, wie man das Positive verstärken und das Negative beseitigen kann. Doch das Endergebnis ist, dass wir mit allem fertig sind. Es gibt die Ebene des *sekha* – der Person, die sich in diesen Dingen üben muss. Und dann gibt es die Ebene des *asekha* – der Person, die sich in nichts mehr zu üben braucht. Wenn der Geist das Stadium der vollständigen Verwirklichung erreicht hat, dann gibt es nichts mehr zu praktizieren. Ein solcher Mensch braucht keine der Konventionen von Lehre und Praxis mehr. Man spricht von so jemandem als einer Person, welche die geistigen Befleckungen losgeworden ist.

Die *sekha*-Person muss sich in den verschiedenen Stufen des Pfades üben, vom allerersten Augenblick an bis zur höchsten Ebene. Wenn sie dies abgeschlossen hat, bezeichnet man sie als *asekha*, was bedeutet, dass sie nicht mehr länger zu üben braucht, da alles beendet ist. Die Übungen, das Training ist abgeschlossen. Die Zweifel sind beendet. Es gibt keine Eigenschaften mehr, die noch entwickelt werden müssten. Es müssen keine Geistestrübungen mehr entfernt werden. So spricht man über den leeren Geist. Ist dies verwirklicht, wird man von guten oder bösen Dingen nicht mehr betroffen sein. Bei allem, was einem begegnet, bleibt man unerschütterlich und man lebt in Glück und Frieden.

In diesem Reich der Vergänglichkeit wird es Zeiten geben, in denen es schwer sein wird, spirituelle Lehrer zu finden, die uns den Weg weisen. Nach einiger Zeit tauchen solche Lehrer manchmal auf. Darauf können wir uns jedoch nicht immer verlassen. Und wenn Menschen keine spirituelle Führung bekommen, wird ihr Geist stark von Begierden vernebelt, da die Gesellschaft im Allgemeinen von Verlangen, Groll und Verblendung beherrscht wird. Obwohl die buddhistische Religion heute ums Überleben ringen mag und die Art und Weise, wie sie ausgeübt wird, weit von der Wahrheit ihrer ursprünglichen Praxisform entfernt ist, sollten wir zum gegenwärtigen Zeitpunkt das Beste aus dem machen, was uns zur Verfügung steht.

Als der Buddha ins endgültige Nibbāna einging, hatten seine vielen Schüler unterschiedliche Gefühle. Da gab es diejenigen, die zum Dharma erwacht waren und die, als sie den Buddha ins Parinibbāna eintreten sahen, glücklich waren: „Der Erhabene ist gut gegangen; er hat den höchsten Frieden erreicht." Aber diejenigen, deren Geistestrübungen noch nicht beseitigt waren, dachten: „Der Buddha ist gestorben. Wer wird uns jetzt belehren? Der Mann, vor dem wir uns verbeugt haben, ist nicht mehr!" So jammerten sie und vergossen dabei Tränen. Das ist wirklich schlimm, über den Buddha zu weinen wie eine Gruppe Landstreicher. Weil sie wie Narren dachten, befürchteten sie, dass niemand sie mehr unterweisen würde. Aber jene, die erwacht waren, verstanden, dass der Buddha genau wie dieser Dharma ist, den er uns gelehrt hat. Obwohl er dahingegangen ist, sind seine Lehren nach wie vor präsent. Ihre Herzen waren immer noch stark und voller Tatkraft. Es mangelte ihnen nicht an Übungsmöglichkeiten, denn sie verstanden, dass der Buddha nicht stirbt.

Wir können leicht erkennen, dass es außer dem Dharma nichts gibt, was die Sorgen und den Kummer in der Welt lindern und die Feuer der Qualen der Wesen kühlen wird. Gewöhnliche, weltliche Menschen streiten, kämpfen, leiden und sterben in ihren Leben voller Ignoranz, ohne dass ein Ende in Sicht ist, denn sie folgen keinem wahren spirituellen Pfad. Streben wir also danach, unseren Körper und unseren Geist der Entdeckung von Tugend und Spiritualität zu widmen, um wahrhafte Menschen zu werden, die in Übereinstimmung mit dem Dharma leben. Auf andere zu schauen und ihren Mangel an Tugend zu kritisieren, ist dann nicht mehr nötig. Selbst wenn die, die uns nahestehen, nicht praktizieren können, sollten wir ihnen mit gutem Beispiel vorangehen. Ehe wir uns über die Defizite anderer Sorgen machen, sollten diejenigen unter uns, die verstehen und praktizieren können, schleunigst damit anfangen.

Außerhalb des Dharma gibt es nichts, was dieser Welt Frieden und Glück geben wird. Außerhalb des Dharma gibt es nur den Kampf um Sieg oder Niederlage, nur Neid und Böswilligkeit. Ein Mensch, der in den Dharma eingetreten ist, lässt diese Dinge los und verbreitet stattdessen liebevolle Zuwendung und Mitgefühl. Sogar nur ein wenig eines solchen Dharma ist von großem Nutzen. Immer wenn ein Mensch solche Eigenschaften im Herzen trägt, blüht der Weg des Buddha auf.

GLOSSAR

Achte Wiedergeburt – Für jemanden, der in den Strom des Erwachens eingetreten ist, gibt es keine achte Wiedergeburt, da er bzw. sie vor dem vollständigen Erwachen höchstens sieben Mal als Mensch oder feinstoffliches Wesen wiedererscheinen wird.

Ajahn (Thai; Pāli: *acariya*) – Lehrer

Ajahn Mun Bhuridatta (1870 – 1950) – Thailands berühmtester Dharma-Meister des vergangenen Jahrhunderts und Lehrer der meisten hoch angesehenen Mönche im Nordosten Thailands aus der Generation Ajahn Chahs.

Almosenrunde (Pāli: *pindapata*) – die innerhalb der Theravāda-Tradition übliche Gepflogenheit, jeden Morgen das Kloster zu verlassen, um Almosen zu sammeln. Die Mönche stehen entweder schweigend mit ihren Almosenschalen außerhalb eines Wohnhauses und warten eine Weile, ob die Menschen Almosen offerieren wollen oder sie werden bereits an der Straße von den Spendern erwartet, die dann Lebensmittel direkt in die Schalen offerieren.

Anattā (Pāli) – Nicht-Selbst, Nicht-Ich, Unpersönlichkeit; das Fehlen eines autonomen, permanenten Selbst, das Fehlen jeglicher Substanz oder individueller Essenz. Eines der sogenannten drei Daseinsmerkmale.

Anicca (Pāli) – Vergänglichkeit, ein weiteres Daseinsmerkmal. Ajahn Chah bevorzugte die Bedeutung 'Ungewissheit' oder 'Unsicherheit'.

Arahant (Pāli) – das letzte Stadium des Erwachens innerhalb des Theravāda-Buddhismus. Jemand, der Gier, Hass und Verblendung oder die zehn ans Dasein fesselnden Dinge völlig abgelegt hat: Persönlichkeitsglaube, Zweifel, Anhaften an Regeln und Riten, Sinnesbegehren, Abneigung, Begehren nach Feinkörperlichkeit, Begehren nach unkörperlicher Existenz, Dünkel, innere Unruhe, Unwissenheit.

Ariya (Pāli) – Der edle oder noble Mensch, der wenigstens eines der Stadien des Erwachens erreicht hat.

Bhikkhu (Pāli) – Im Theravāda ein voll ordinierter buddhistischer Mönch. Wörtlich: „Derjenige, der Gefahr im Rad des Saṁsāra sieht."

Bodhi-Baum – Der Baum (*ficus religiosa*) in Bodh Gaya/Indien, unter dem der Buddha saß, als er Erleuchtung erlangte. Bodhi = Erwachen, Erkenntnis.

Bodhisattva (Sanskrit, Pāli: *bodhisatta*) – wörtlich: ein Wesen, das auf vollständiges Erwachen ausgerichtet ist. Im Theravada bezieht sich der Begriff des Bodhisatta (Pali) ausschließlich auf den Buddha selbst, der in vielen vergangenen Leben die spirituellen Tugenden (*paramita*) soweit entwickelt hatte, dass er in seinem letzten Leben ein vollkommen Erwachter wurde. Im Mahayana wird das vollkommene Erwachen als Bodhisattva solange aufgeschoben, bis nicht nur alle Tugenden entwickelt, sondern auch zahllose Lebewesen befreit worden sind.

Buddho (Pāli) – Der Erwachte, derjenige, der weiß oder Erkenntnis besitzt. Das Wort wird in Thailand oft als Meditationsobjekt oder Meditationsmantra benutzt.

Dharma (Pāli: Dhamma): Die Lehre des Buddha, wie sie in den Schriften festgehalten wurde. Ebenfalls die Wahrheit oder letztendliche Wirklichkeit, auf welche die Lehre hindeutet und die jenseits von Worten, Begriffen oder intellektuellem Verstehen ist.

dhamma (klein geschrieben): Dinge, Phänomene.

Dukkha (Pāli) – wörtlich: 'schwer zu ertragen'. Die unbefriedigende, unzulängliche, ungenügende Natur der Existenz. Die erste der vom Buddha gelehrten Vier Edlen Wahrheiten und eines der drei Daseinsmerkmale. Auch in der Bedeutung von Leiden, Frustration, Stress, Druck, Elend, Konflikt etc.

Edle Wahrheiten, vier – Die erste Belehrung, die der Buddha gab, daher auch die zentrale Lehre des gesamten Buddhismus. Die vier Wahrheiten sind: Leid ist vorhanden; es gibt Ursachen dafür; die Ursachen können beendet werden, und es gibt einen achtfachen Pfad, der, wenn praktiziert, von jeglichem Leid befreien kann.

Geistestrübungen (Pāli: *kilesa*) – Befleckungen, Verunreinigungen. Unheilsame Eigenschaften, die den Geist vernebeln und verwirren.

Grundlagen der Achtsamkeit, vier – wörtliche Bedeutung: Präsenz der Achtsamkeit oder sich etwas oder jemandem mit Achtsamkeit zuwenden; grundlegendes Meditationssystem im Theravada, welches vier

Aspekte umfasst: den Körper, die Gefühle, mentale Vorgänge und kontemplative Vertiefungsthemen (dhamma).

Jhāna (Pāli) – Meditative Vertiefung, Zustände tiefer Versenkung; Zustände der Entrückung, Freude und Einspitzigkeit des Geistes. Es gibt insgesamt acht Stufen: vier in der feinkörperlichen und vier in der unkörperlichen Sphäre.

Khandha (Pāli) – wörtlich: Haufen, Ansammlung oder auch: „Aggregate", „Gruppen", „Daseinsgruppen". Ein Begriff, den der Buddha benutzte, um auf die fünf Grundkomponenten psycho-physischer Existenz hinzuweisen, die von einem unwissenden Geist fälschlicherweise zur Konstruktion eines autonomen „Ichs" oder „Selbst" benutzt werden: Physische Form, Gefühl, Wahrnehmung/Erinnerung, mentales Gestalten, Sinnesbewusstsein.

Kuti (Pāli) – Klösterliche Unterkunft für einen Mönch, meist eine kleine Hütte, in Asien oft zum Schutz vor Insekten auf Holz- oder Betonpfeilern errichtet.

Luang Por (Thai) – wörtlich: ehrwürdiger Vater. Titel und Anrede für einen älteren Mönch.

Māna (Pāli) – der grundlegende, verblendete Eindruck eines autonomen Selbst. Das auf Dünkel basierende Gefühl einer eigenständigen Wesenheit stellt eine mentale Fessel dar, die erst mit der Verwirklichung zum Arahant völlig aufgehoben wird.

Mettā (Pāli) – Liebende Güte oder liebevolle Zuwendung; unvoreingenommen allen Wesen ohne Ausnahme Wohlbefinden und Zufriedenheit wünschen, man selbst eingeschlossen. Eine von vier sogenannten erhabenen Verweilungszuständen, die anderen drei sind Mitgefühl, Freude und Gleichmut.

Nibbāna (Pāli; Sanskrit: *Nirvāna*) – wörtlich: das Erlöschen (eines Feuers); das restlose 'Erlöschen' von Gier, Hass und Verblendung, das 'Erlöschen' der Leidenschaften, Freiheit von allen Anhaftungen, völlige Gestilltheit des Bewusstseins. Die höchste Verwirklichung buddhistischer Praxis.

Nibbidā (Pāli) – Verdruss, Ekel, Ernüchterung, Abwendung von den Dingen.

Niedere Daseinsbereiche – Zustände extremen Leidens in den Daseinsbereichen der Tiere, hungrigen Geister und Höllenwesen. Im übertragenen Sinne auch extreme Formen von menschlichem Leid.

Pacceka-Buddha (Pāli) – Jemand, der Erleuchtung ohne Unterstützung eines Lehrers erreicht und nicht über die Fähigkeit verfügt, andere Menschen zu unterrichten. Wird meist dargestellt als jemand, der in völliger Abgeschiedenheit lebt.

Pāli – Alte indische Textsprache des Pāli-Kanons, in dem die gesamte Textsammlung der Theravāda-Schule verfasst wurde; eng mit dem Sanskrit verwandt.

Parinibbāna – Das vollständige Verlöschen eines Buddha.

Samādhi (Pāli) – Meditative Sammlung, Stabilität und Konzentration.

Samatha (Pāli) – Geistes- und Gemütsruhe; oft auch Bezeichnung für die entsprechende Meditation.

Saṁsāra (Pāli) – Daseinskreislauf; der Kreislauf von Geburt und Tod und der Zyklus unbefriedigender, bedingter Existenz.

Saṅgha (Pāli) – Die Gemeinschaft derer, die den Weg des Buddha praktizieren. Als Objekt für die dreifache Zuflucht (zusammen mit Buddha und Dhamma) bezieht es sich im engeren Sinne auf diejenigen, die das Erwachen verwirklicht haben (*ariya saṅgha*). Im weiteren Sinne ist Saṅgha aber auch die vierfache Gemeinschaft, bestehend aus männlichen und weiblichen Laienpraktizierenden und den beiden Ordensgemeinschaften.

Saṅkhāra (Pāli) – Mehrfache Bedeutung je nach Kontext: Mentales Gestalten als eines der fünf *khandhas* oder das mental Gestaltete ganz allgemein; alle bedingten Phänomene, d.h. alles, was Anfang und Ende hat und Geburt und Tod ausgesetzt ist; in der thailändischen Sprache auch als Begriff für den Körper gebräuchlich.

Sīla (Pāli) – Tugend, Sittlichkeit, ethische Integrität; als Grundlage für die buddhistische Lebensweise bezieht sich Sila auch auf die konkreten ethischen Grundsätze, deren Befolgen wiederum zu mehr Tugend führt.

Stromeingetretener – (Pāli: *sotāpanna*) - Jemand, der das erste Stadium des Erwachens erreicht hat und laut Pali-Kanon noch höchstens sieben Wiedergeburten vor sich hat.

Tathāgata (Pāli) – wörtlich: der „So-Dahingegangene"; der „Vollendete"; ein Beiname des Buddha, den dieser oft benutzte, wenn er über sich selbst oder von anderen Buddhas sprach.

Todlose, das – das Stadium jenseits jeglichen Leids, jenseits des Daseinskreislaufs von Geburt und Tod; Nibbāna.

Tudong (Thai) – eine asketische Praxis oder ein Läuterungsmittel, welches der Buddha seinen Mönchen gestattet; etymologisch aus dem Pali-Wort *dhutaṅga* entstanden, was so viel wie 'abschütteln' bedeutet (Abschütteln der Leidenschaften). Praktisch bedeutet es, dass die Mönche das Kloster verlassen und auf der Suche nach geeigneten Orten für die stille, kontemplative Praxis umherwandern. Abgelegene Waldgebiete und Verbrennungsplätze sind dafür besonders geeignet, aber auch Besuche in Klöstern angesehener Meister.

Ubon (Thai) – Provinz im Nordosten Thailands, wo Ajahn Man und Ajahn Chah geboren wurden und Ajahn Chah den Großteil seines Lebens verbrachte. Ebenfalls der Name für die Provinzhauptstadt, die nur 5 km. von Wat Pah Pong, Ajahn Chahs Kloster, entfernt liegt.

Verdienst – (Pāli: *puñña*) – Heilsame, positive Qualitäten des Geistes sowie die Aktivitäten, die diese Eigenschaften vermehren.

Vipassanā (Pāli) – wörtlich: genau oder präzise schauen, Hellblick; allgemein verwendet im Sinne von Einsichtsmeditation.

Visakha Pūjā (Pāli) – höchster buddhistischer Feiertag, an dem der Geburt, des Erwachens und des endgültigen Eingehens des Buddha ins Todlose (*Parinibbāna*) gedacht wird.

Vollkommenheiten – (Pāli: *Paramitā*) – Spirituelle Tugenden, die zur Unterstützung für die Verwirklichung der Erleuchtung kultiviert werden. Im Theravada gibt es deren zehn: Großzügigkeit, Sittlichkeit, Entsagung, Weisheit, Willenskraft, Geduld, Wahrhaftigkeit, Entschlossenheit, liebende Güte und Gleichmut.

Wat (Thai) – buddhistisches Kloster oder Tempel.

Wat Nong Pah Pong (Thai) – Ajahn Chahs Hauptkloster, gegründet 1954 in einem dichten, sumpfigen Waldstück, nur zweieinhalb Kilometer von seinem Geburtsort entfernt.

Zazen (Jap.) – Sitzmeditation der Zen-Tradition.

RESSOURCEN

Für alle diejenigen Leser und Leserinnen, die mehr über die thailändische Waldkloster-Tradition und ihre Ableger in der westlichen Welt wissen möchten, empfehlen wir die Webseite *www.forestsangha.org*

Dort können die Web- und Postadressen sämtlicher Zweigklöster in der Linie von Ajahn Chah in Europa, Nordamerika, Thailand und Australien/Neuseeland gefunden werden. Außerdem bietet die Forest-Sangha-Webseite sowohl Audio-Dhamma-Vorträge im mp3-Format, als auch Bücher in verschiedenen Formaten (pdf, mobi und epub) in englischer Sprache zum Download an.

In deutscher Sprache stellt die Webseite des Klosters Dhammapala in der Schweiz ebenfalls Audio-Vorträge und E-Bücher zum kostenlosen Download zur Verfügung.